Von Gottes Segen leben

Predigten mit Hintergrund

Herausgegeben von Ehrenfried Schulz

9.10.2001

EDITION Der Prediger und Katechet

Von Gottes Segen leben – *Predigten mit Hintergrund*

Herausgegeben von Ehrenfried Schulz

ERICH WEWEL VERLAG DONAUWÖRTH

Herausgegeben im Auftrag der
Pädagogischen Stiftung Cassianeum in Donauwörth

EDITION Der Prediger und Katechet

Gesamtherstellung: Ludwig Auer GmbH, Donauwörth
Printed in Germany

ISBN 3-87904-**278**-0

INHALT

Vorwort 11

ERSTER TEIL
SEGNUNGSPREDIGTEN 13

I. Segnungen im Leben der Pfarrgemeinde 14

Segnungen im Laufe des Kirchenjahres 15

1. Segnung des Johannisweines 15
   Der Wein zur Freude des Menschen geschaffen – *Rudolf Haderstorfer* 15
2. Wohnungssegnung an Epiphanie 17
   Nicht ohne Gottes guten Segen! – *Udo Zettelmaier* 17
3. Aussendung der Sternsinger – 20
   Ein „Link“ in eine andere Wirklichkeit – *Bernhard Heuberger* 20
4. Blasiussegen 22
   Gottes heilende Nähe – *Klaus Armbrust* 22
   Sich segnen lassen – *Ottmar Fuchs* 24
   Heilkraft des Glaubens – *Gotthard Fuchs* 28
5. Speisesegen an Ostern 31
   Seht und kostet! – *Franz-Josef Janicki* 31
6. Wettersegen 33
   Ein Dienst für Mensch und Schöpfung – *Hans Bauernfeind* 33
7. Segnung der Fluren und Felder 36
   „Kreaturen auf den Fluren“ – *Werner Schrüfer* 36
   Gottes Kraft wird spürbar im Wachsen und Reifen – *Hans Würdinger* 39
8. Kräutersegnung am Hochfest der Aufnahme Mariens in den Himmel 42
   Kraft und Seele und Leib – *Martin Thurner* 42
9. Segnung der Erntegaben 45
   Einspruch gegen den Machbarkeitswahn – *Heribert Zerkowski* 45
10. Segnung der Gräber an Allerheiligen/Allerseelen – 47
    Wer hat das letzte Wort – *Vitus Seibel* 47

Segnungen bei besonderen Anlässen 50

1. Segnung der Schulanfänger 50
   Gottes gute Wünsche – *Werner Schreer* 50
2. Krankensegnung 52
   Die Liebe kommt an – *Thomas Schwaiger* 52
3. Primizsegen 55
   Den Himmel offen halten – *Johannes Claudius Eckert* 55
4. Goldene Hochzeit 57
   Alles fügt sich und erfüllt sich – *Josef Schulte* 57
5. Reisesegen 59
   Gönne dich dir selbst und trau Gott etwas zu – *Heinz Günter Bongartz* 59

Segnung religiöser Zeichen 62

1. Segnung des Weihwassers 62
   Wasser und Leben – *Georg Englmeier* 62
2. Segnung eines Kreuzes 65
   Solidaritätszeichen – Hoffnungszeichen – *Heribert Arens* 65
3. Segnung eines religiösen Bildes 66
   Gott lässt seine Güte spüren – *Michael Spitz* 66
4. Segnung eines Bildstockes/Marterls 70
   Zeichen für Gottes Gegenwart – *Johannes Schlosser* 70
5. Segnung eines Rosenkranzes 71
   Alle Dinge brauchen Segen – *Josef Übelmesser* 71
6. Segnung einer Fahne 74
   Im Zeichen der Fahne – *Konrad Baumgartner* 74

II. Segnungen im Leben der Familie 77

1. Kindersegnung 78
   Wie ein Lächeln Gottes – *Horst Mally* 78
2. Segnung Jugendlicher als „Feier der Lebenswende“ 80
   Es muss im Leben mehr als alles geben – *Reinhard Hauke* 80
3. Verlobung 83
   Mit Gottes schützendem Engel auf dem Weg – *Hans-Thomas Patek* 83
4. Aussegnung eines Verstorbenen 86
   Ein Licht auf dem Weg zu Gott – *Martin Lütticke* 86
   „Sie hat es geschafft“ – *Franz Richardt* 87
   Mit allen Sinnen Abschied nehmen – *Ingrid Reckziegel* 89

5. Tischsegen 92
Ein Brauch, der gut tut: der tägliche kleine Erntedank! – *Gerhard Schober* 92
6. Brotsegnung 95
Dass die Speis' uns nicht gereue – *Andrea Pichlmeier* 95
7. Segnung eines Hauses 98
Gott als ständiger Gast – *Michael Bär* 98

III. Segnung von öffentlichen und sozialen Einrichtungen 100

1. Segnung eines Betriebes 101
Neue Werte – *Roland Breitenbach* 101
2. Segnung eines Feuerwehrfahrzeuges/-gebäudes 104
Den „Gott dazwischen" erfahrbar machen – *Engelbert Dirnberger* . 104
3. Segnung eines Wasserwerkes 106
Gottes Segen für alle, die vom Wasser trinken – *Ludwig Mödl* 106
4. Segnung eines Kindergartens 108
Gottes guter Segen umgebe unser Leben – *Birgit Gammel* 108
5. Segnung eines Schulhauses 111
Ein Pluszeichen für den Weg in die Zukunft – *Thomas Luksch* 111
6. Segnung eines Krankenhauses/Sanatoriums 114
Bestimmt zur Heilung der Menschen – *Dieter Katte* 114
7. Segnung eines Altenheimes 116
„Das Zeitliche segnen" – das Leben gutheißen – *Marianne Habersetzer* 116

IV. Segnung von Bildungs- und Verkehrseinrichtungen 119

1. Segnung einer Buchhandlung 120
Sehnsucht nach dem Wunder der Worte – *Hermann Würdinger* 120
2. Segnung einer Bildungsstätte 122
Räume der Begegnung – *Gotthard Fuchs* 122
3. Segnung einer Brücke 125
Zugang zu neuen Lebensufern – *Erwin Albrecht* 125
4. Segnung von öffentlichen Verkehrsmitteln (Omnibus) 128
Fahrgemeinschaft mit Gott – *Winfried Wackerzapp* 128
5. Segnung von Pkw 130
Wenn das Auto zum Zeichen für Gottes Liebe wird … – *Hubert Brosseder* 130

ZWEITER TEIL
BIBEL-THEOLOGISCHER UND
ANTHROPOLOGISCH-LITURGISCHER HINTERGRUND 135

I. Grundlinien einer biblischen Theologie des Segens 136

I.1 Alttestamentlich von Gottes Segen reden – *Otto Wahl* 137
1.1 Der universal Leben spendende Gott 137
1.2 Bereiche des Segens Gottes 138
1.3 Gotteslob als Segen für mich selbst 139
1.4 Die Weitergabe des Segens Gottes 140
1.5 Sich segnen durch die Gottgesegneten 141
1.6 Das Segnen/Loben Gottes 142

I.2 Jesus Christus, Gottes Segen für sein Volk – *Jürgen Werbick* 144
2.1 Glück und Segen 144
2.2 „Sei ein Segen!" 145
2.3 Gottes Segen in Jesus Christus ist stärker als der Fluch 146
2.4 Fluch und Segen: Mythologie oder Glaubenswirklichkeit? 147
2.5 Gottes Zuwendung: ein Segen 148
2.6 In Jesus Christus, dem Gesegneten, gesegnet 148
2.7 Segnen im Namen des Vaters und des Sohnes und des Heiligen Geistes 149

II. Theologisch-anthropologische Überlegungen zur Segensbedürftigkeit des Menschen 150

II.1 „O Gott, komm mir zur Hilfe" (Ps 119, 166): Von der Segensbedürftigkeit des Menschen und von dessen Auftrag, für die Mitwelt ein Segen zu sein – *Ehrenfried Schulz* 151
1.1 Segen und Ängste 151
1.2 ... als Sehnsucht nach dem Gelingen des Lebens 152
1.3 Jesus – die kostbarste Segensgabe Gottes 152
1.4 ... segnet und begleitet seine Jünger durch die Zeit 153
1.5 Und er erwartet, dass sie für andere ein Segen seien! 156

II.2 Wider die Segensvergessenheit in der (nachkonziliaren) Kirche – *Ludwig Mödl* 158
2.1 Die Skepsis gegenüber allen rituellen Handlungen 158
2.2 ... wurde abgelöst vom Bedürfnis nach einer „cognitio sensitiva" 159
2.3 Der gesegnete Gegenstand verweist auf Gottes liebenswertes Geleit 160

III. Kriterien der Liturgiewissenschaft für die Gestaltung von Segensfeiern 161

III.1 Nur für Eingeweihte? Zur Dringlichkeit der Transparenz von liturgischen Vollzügen – *Karl Schlemmer* 162
1.1 Symbol 162
1.2 Ritual 165
1.3 Segnen 166

III.2 Benediktionen als gottesdienstliche Feiern – *Reiner Kaczynski* 170
2.1 Gemeinschaftliche Feier der Benediktionen 171
2.2 Das Wort Gottes in der Feier der Benediktionen 172
2.3 Bei der Segnung von Gegenständen soll sich das Gebet auf die Menschen beziehen, die die Gegenstände gebrauchen . . 174

IV. Weiterführende Literatur 177

Verzeichnis der Mitarbeiterinnen und Mitarbeiter 179

VORWORT

Befragt man in unserer industrialisierten und technisch-rationalen Welt die Zeitgenossen, *wovon* sie eigentlich leben, dann muss man sich auf eine bunt gefächerte Antwortenpalette gefasst machen. Für die Allermeisten rangiert an erster Stelle das wirtschaftliche Auskommen: Sie leben ihren bzw. von ihrem Beruf. Keineswegs gering dürfte auch die Zahl derer sein, die Freizeit und Urlaub obenan stellen. In Zeiten offener Grenzen und prosperierender Touristik gilt es keineswegs als ungewöhnlich, mehrmals im Jahr zu Reisen aufzubrechen. Zahlenmäßig deutlich geringer, gleichwohl gesellschaftlich nicht ohne Einfluss, favorisieren die intellektuellen Mitbürger vor allem kulturelle Werte. Wer von all den Zeitgenossen würde dabei ins Wort bringen: er benötige zum Gelingen seiner Vorhaben „Gottes Segen”?

Und doch kreist die hier angezeigte Edition präzise um diese Thematik. Als Christen sind wir von der festen Überzeugung getragen, dass jeder Mensch jeden Alters von einem prägenden Wunsch geleitet wird, nämlich: dass sein Leben gelingt! Mögen auch bisweilen Karriere und Privates diesen Grundwunsch verdecken; irgend eines Tages bricht er bestimmt wieder auf. Solche Sehnsucht ist unstillbar. Solche Sehnsucht verbindet Arm und Reich, Alt und Jung, Freund und Feind. Für alles Mögliche und manches Skurrile können wir uns versichern, aber dass das Leben gelingt, dafür gibt es keine Police.

Im Fluss der Ungesichertheiten des Alltags, in der Sorge um ganzheitliches Wohlergehen und im Einsatz für das Verwirklichen der Lebenspläne – in all dem tut es gut, dass wir um einen Gott wissen, der, wenn wir ihn nur anteilnehmen lassen, an unserer Seite steht. Auch wenn wir uns im vertrauten Umgang Gutes wünschen – etwa zum Geburtstag, zu unfallfreier Autofahrt und zu dementsprechend gesunder Heimkehr –, so wissen wir: letztlich bleibt der Ausgang ungewiss, unverrechenbar. Einzig wenn Gottes Segen über einem Leben ruht, gedeiht es, wächst es, bringt es Frucht. Und nur, wer sein Leben unter Gottes schützendem Geleit versteht, für den können sogar Krankheiten und Niederlagen noch einen Sinn bekommen, mag es auch oft lange währen bis zu solcher Einsicht.

Durch die Apostel wurde die Kirche zur Trägerin der Gnade und des Segens Jesu Christi (vgl. hierzu: Mt 28, 18–20; Lk 24, 50–53; Apg 1, 9; Joh 20, 19–23). Sie erfleht diesen Segen „unter Anrufung seines Namens“ für alle Menschen und für alles, was sie schaffen und was ihnen dient. Letztlich bezeugt jede Segnung etwas von Gottes Sorge um Menschen, Schöpfung und Welt.

Im Auftrag des Zweiten Vatikanischen Konzils und der Bischofskonferenzen des deutschen Sprachgebietes haben die Liturgischen Institute Salzburg – Trier

– Zürich bereits 1979 ein umfassendes Segensbuch herausgegeben, das kirchenamtlich tituliert ist als *„Benediktionale“*. Darin sind für sämtliche Anlässe einer Pfarrgemeinde, des familialen Lebensweges und der breit gefächerten gesellschaftlichen Öffentlichkeit situationsdeutende Segenstexte niedergelegt. Wiederholte Nachdrucke hat dieses Opus erfahren, was beweist, welch großer Segensbedarf – trotz aller Säkularisierung – besteht. Da die Segensfeiern stets ein Tun der Gemeinde und keineswegs private Handlungen sind, darum sollten diese Anlässe auch in einer gottesdienstlichen Feier den Gläubigen erschlossen werden. Bislang gibt es jedoch für dieses nachgefragte Anliegen keine adäquate Predigthilfe. Darum entschlossen sich die Redaktion von *Der Prediger und Katechet* und die Leitung des *Erich Wewel Verlages* diese homiletische Lücke zu schließen.

In zwei Teilen präsentiert sich das vorliegende Opus: Im ersten Teil bietet es entlang der Gliederungsstruktur des Benediktionale vierzig Predigtvorlagen an. Im zweiten Teil erschließen sechs Beiträge die allen Segnungen voraus- und zugrundeliegenden Perspektiven. Konkret sind dies: die alt- und neutestamentliche Sicht, die theologisch-anthropologische Dimension und die pastoral-liturgische Gestaltung.

Es ist ein „nobile officium“, allen Mitarbeiterinnen und Mitarbeitern für den erbrachten homiletischen Einsatz zu danken sowie für das kostbare Geschenk des wohltuend persönlichen Zeugnisses. Wenn jedoch für jeden Predigttypus und für jeden Prediger gilt: Wer bis in die Tiefe der Hörer wirken will, der muss auch die Tiefe seiner Existenz einbringen –, dann gilt es noch einmal verstärkt für das Genus der katechetisch-mystagogischen Rede. Letztlich geht es bei der Predigtthematik *„Von Gottes Segen leben“* um nichts weniger als um ein Stück Einweisung in Gottes geheimnisvolles Wirken.

Allen Seelsorgern, die den Gläubigen jahraus jahrein diesen umfassenden Segen Gottes vermitteln, möchte das Opus eine im Wortsinn „brauchbare Hilfe“ sein.

Ehrenfried Schulz

Erster Teil

Segnungspredigten

I.

Segnungen im Leben der Pfarrgemeinde

Segnungen
im Laufe des Kirchenjahres

1. Segnung des Johannisweines

DER WEIN ZUR FREUDE DES MENSCHEN GESCHAFFEN

Zielsatz: Der alte, weithin vergessene Brauch soll gedeutet und sein ursprünglicher Sinn erschlossen werden.

Text: Sir 31, 27–31

Ein ungewohnter Ritus

Wer den Brauch nicht kennt, wundert sich vielleicht: Da erhält man in der Kirche Wein zu trinken. Es ist nicht die Eucharistie, die man bei besonderen Anlässen auch unter der Gestalt des Weins empfangen kann, nein: Der kleine Ritus hat seinen Platz nach der Messe, und es ist mehr als ein kleiner Schluck, den man da gereicht bekommt. „Selten, dass man in der Kirche was kriegt", hat da einer schmunzelnd gesagt, „da wird doch sonst nur gesammelt!" – Doch der heilige Johannes bringt offenbar eine Ausnahme zustande.

Woher kommt der Brauch?

Der Brauch, dem Andenken des Evangelisten Johannes einen Minnetrunk darzubringen, ist in der Kirche weit verbreitet und lässt sich schon im 12. Jahrhundert nachweisen. Woraus er entstanden ist, weiß man nicht genau. Heidnische Wurzeln sind nicht ganz auszuschließen. Früher wurde der Johannistrunk oft als Reisesegen verwendet, und in manchen Gegenden ist es Brauch, Brautleuten und Hochzeitsgästen nach der Trauung Johanniswein zu reichen.

Ein Ja zur Schöpfung und ihren Gaben

Wer da streng jeden Alkohol ablehnt, der wird seine Vorbehalte gegen diese Praxis in der Kirche anmelden; denn der Alkohol kann ein Suchtmittel sein, das großes Elend schafft. Das darf auch in der Kirche nicht verharmlost werden. Auch die Heilige Schrift spricht von den Gefahren, die der Wein mit sich bringt. Doch was gefährlich ist und missbraucht werden kann, das ist deswegen noch nicht schlecht. So sagt die Bibel an mehreren Stellen ganz deutlich: Der Wein ist zur Freude des Menschen geschaffen (Ps 104, 15 und Sir 31, 29)! Am überzeugendsten für den Christen ist, dass Jesus selber den Wein nicht verachtet hat. Der Evangelist Johannes (den wir heute feiern) berichtet, dass Jesus bei der Hochzeit zu Kana dem Brautpaar etwa 600 Liter guten Wein gespendet hat.
So ist die Weinweihe am Johannistag ganz gewiss ein Zeichen dafür, dass unser Glaube – besonders in der katholischen Ausprägung – die Welt und ihre Gaben und Freuden keineswegs für schlecht ansieht, dass er sie vielmehr bejaht und dankbar annimmt, wenn sie in der rechten Ordnung gebraucht werden.

Der Wein als Sinnbild

Der Priester, der den Johannisbecher reicht, deutet die Handlung: „Trinke die Liebe des heiligen Johannes!"
Wein beflügelt die Sinne, weckt Emotionen, löst die Zunge. Beim Wein kann Zank und Streit entstehen, denn manche Hemmung fällt. Es fallen aber auch leichter die Panzer des Selbstschutzes und der Ängstlichkeit, die wir oft um uns legen. Der Wein hilft uns, auf einander zuzugehen, dass wir es wagen, herzlicher zu werden. Mit einem Glas Wein stößt man ja auch auf das „Du" an.

Der Liebesjünger

Johannes wird der Liebesjünger genannt, und das nicht nur, weil er Jesus in besonderer Freundschaft verbunden war und seine Treue zu ihm bis zum Kreuz bewahrte. Johannes war es auch, der seinen Gemeinden vor allem das Liebesgebot einzupflanzen suchte. Das bezeugen die Johannesbriefe. Und nach der Legende soll der altgewordene Apostel oft und oft den Satz wiederholt haben: „Kinder, liebt einander!"

Eine Sache des Herzens

Wenn der Priester heute den Johanniswein reicht, dann könnte er ebenso sagen: „Nimm dir ein Beispiel an der Liebe des Johannes!“ oder: „Ahme die Liebe des Johannes nach!“ Der Satz lautet aber: „Trinke die Liebe des heiligen Johannes!“ Das soll sicher heißen: Liebe kann man nicht einfach nachahmen. Liebe muss innen zünden, Liebe ist Sache des Herzens. Doch um dieses Herz zu erreichen, sind oft harte Schalen zu durchbrechen. Der Wein, der löst, beflügelt und befeuert, soll ein Zeichen dafür sein, dass wir bereit sind, unser Herz zu öffnen für Gott und den Nächsten. *Rudolf Haderstorfer*

2. Wohnungssegnung an Epiphanie

NICHT OHNE GOTTES GUTEN SEGEN!

Vorbemerkung: In Anlehnung an das Benedictionale ist Titus 3, 4–7 einbezogen; möglich ist schon ein Schluss mit „Aber nicht ohne Gottes guten Segen!“ Die zeitgleich laufende Sternsinger-Aktion, bei der ebenfalls Häuser und Wohnungen gesegnet werden, bildet den Hintergrund.

Text: Tit 3, 4–7

Berechtigte Klagelieder

Landauf, landab hört man das Klagelied über abnehmende kirchliche Bindungen, über verschwindende Bräuche, über mangelnde Solidarität und vor allem über kaum mehr vorhandene Religiosität im Alltag, im Zuhause, in den eigenen vier Wänden. Oft genug haben die Klagenden leider Recht. Das will ich gar nicht abstreiten, und diese Erscheinung tut uns allen weh.

Segnung durch die Sternsinger

Erfreulicherweise gibt es gegenläufige Entwicklungen: Wallfahrten mit jungen Leuten, Selbstbesinnung und Meditation gerade wegen unserer manchmal so hektischen Zeit, großen Einsatz für soziale und ökologische Themen, und heute besonders die Sternsinger-Aktion. Die „Heiligen Drei Könige“, wie man sie volkstümlich oft nennt, kommen in die Häuser und Wohnungen. So wie ich. Sie beten und singen. Sie schreiben ein Segens-Zeichen an die Türen: „Christus segne dieses Haus – Christus (C) mansionem (M) benedicat (B).“

Gott nicht abschreiben oder ausgrenzen

Ein alter Brauch, neu belebt. Hinwendung zu Gott im Alltag, im Zuhause. Keine Magie. Denn der Segen wirkt nicht „automatisch“, wenn wir Christus, wenn wir Gott nicht auch sonst in unser Haus, in unsere Wohnung, in unser Leben hineinlassen. Wenn Gott nur auf der Türe angeschrieben, sonst aber abgeschrieben ist. Wenn wir ihn ausgrenzen aus unseren Gedanken und Gesprächen. Wenn er nicht vorkommt im Gebet, in unserem Leben und Zusammenleben. Wenn die Haus- oder Wohnungs-Segnung durch die Sternsinger oder durch den Priester eine Eintagsfliege bleibt.

Ein Kreuz erinnert uns

Aber diese Segnung hilft uns, bei allem anderen, was uns oft durchaus zu Recht bewegt, Gott nicht aus den Augen zu verlieren. Da hängt z. B. ein gesegnetes Kreuz an der Wand. Es ist nicht nur ein schöner Zimmerschmuck, es wird zum sichtbaren Hinweis dafür, dass wir unter Gottes Schutz stehen. Solch ein Hinweis ist hilfreich, wenn es uns gut geht, oder wenn wir gar selbstherrlich mit unserem Leben, mit der Natur oder mit einem Mitmenschen umgehen. Und solch ein Hinweis ist ermutigend, wenn uns der Blick auf den Gekreuzigten noch dann hoffen lässt, wenn so manche Erwartungen in unserem Leben durchkreuzt werden, ja, wenn wir selbst ein schweres Kreuz zu tragen haben. Es erinnert uns daran, dass Gott uns immer nahe ist und wir daher an vielen Orten, in ganz verschiedenen Lebenslagen, mit ihm rechnen dürfen.

Gott ist bei uns

So lässt uns diese Segnung erfahren: Gott ist bei uns. Nicht nur in der Kirche, nicht nur im Gottesdienst. Freilich dort in ganz besonderer Weise, in Wort und Sakrament. Aber auch hier, im Alltag, in unseren eigenen vier Wänden, in unserem eigenen Leben, bei unseren ganz persönlichen Freuden und Sorgen. Denn hier, zu Hause, spielt sich ein Großteil unseres Lebens ab. Hier werden die Grundlagen unseres Familienlebens und auch unseres Glaubens gelegt. Durch uns, nicht ohne unsere Arbeit, Liebe und Sorge. Aber auch nicht ohne Gottes guten Segen!

Güte

Denn Gott brachte uns in Jesus Christus seine Güte und Menschenliebe nahe. So hörten wir eingangs in der Lesung. Ohne Güte geht es schon im menschlichen Leben nicht. Güte ist eine Art Vor-Leistung, die man einem anderen entgegenbringt. Güte ist eine Art Vor-Urteil, das uns hilft, positiv auf den anderen zuzugehen. Güte nimmt dem anderen die Angst. Güte macht den anderen offen. Notfalls auch einmal für Kritik. Weil er oder sie selbst dann weiß: Man will mich nicht fertigmachen. Auch jetzt bin ich voll angenommen!

Gütig sein heißt also nicht: Über alles hinwegsehen, alles gutheißen, zu allem schweigen. Das wäre eher ein Zeichen von Schwäche, von mangelnder Verantwortung, von eigener Bequemlichkeit. In einer Familie, ja in jeder menschlichen Gemeinschaft, muss man ab und zu etwas zur Sprache bringen, was nicht so angenehm ist. Auf die Grundhaltung der Güte, auf das „wie“, und wer dahintersteht – auf all das kommt es an. Eine Mutter z. B. wird ihrem Kind manches einfach verbieten müssen. So wie Gott uns Gebote gibt. Nicht um uns zu beherrschen, sondern zu unserem eigenen Wohl. Weil er gütig ist.

Menschenfreundlichkeit

Diese seine Güte hat Gott nicht nur, aber besonders an Weihnachten bewiesen. Sie entspringt seiner Menschenliebe. Warum er uns Menschen liebt, bleibt mir ein Geheimnis. So liebenswert sind wir nicht immer, so liebenswürdig sind wir nicht gegen jeden und auch nicht jeden Tag. Gott liebt uns – trotzdem! Das sollen wir wissen dürfen gerade „hier zu Hause“, wo wir andere Menschen in ganz alltäglichen Situationen erleben. Wenn wir kein „Festtags-Gewand“ anhaben. Wenn wir uns nicht zusammennehmen (müssen), weil wir sonst im unbarmherzigen Konkurrenzkampf draußen nicht bestehen könnten. Wenn wir buchstäblich „ungeschminkt“ die Wahrheit sagen. Wenn wir uns hoffentlich nicht gehen lassen, aber doch nicht künstlich benehmen, sondern „echt“ sind. Dann ist auch unsere eigene Menschenfreundlichkeit gefragt.

Liebe muss und kann man sich nicht verdienen

Vieles im Leben müssen wir uns hart erarbeiten. Gottes Liebe müssen wir uns nicht verdienen, und er entzieht sie uns auch nicht willkürlich. So soll und so kann es auch in unseren Häusern und Wohnungen zugehen. Dann geht es gut. Dann tut es uns gut. Dann sind wir gut zueinander. Weil Gott so gut zu uns ist.

Udo Zettelmaier

3. Aussendung der Sternsinger

EIN „LINK“ IN EINE ANDERE WIRKLICHKEIT

Texte: Jes 60, 1–6; Mt 2, 1–12

Sich zu erkennen geben

Was eine *Visitenkarte* ist, weiß jeder: Da stehen der Name und die Anschrift, meist noch die Firma drauf, für die jemand arbeitet und dann vielleicht noch die Berufsbezeichnung. Ich halte die Karte in der Hand, ich sehe die Schrift und die Farbe, und all das hinterlässt vielleicht einen bestimmten Eindruck von dem Menschen, der mir seine Visitenkarte gegeben hat – aber sehr viel ist das noch nicht …

Unsere Computerwelt hat da etwas Neues erfunden: Die *Homepage*. Ich kann mich mit meinem Computer ins Internet einwählen und eine bestimmte Adresse anwählen und dann habe ich vor mir den Bildschirm, mit dem sich jemand vorstellen möchte: Fast jede Firma hat eine Homepage, viele Vereine haben eine Homepage, und auch immer mehr Privatpersonen, einzelne Menschen, stellen sich dem Rest der Welt mit einer Homepage vor. Auf einer Homepage kann ich viel mehr von mir zeigen als auf einer Visitenkarte: Ich kann Bilder von mir und meinem Haus zeigen, kann von meinen Hobbys und meinem Lebensstil etwas darstellen. Ich kann meine persönlichen Einstellungen und Botschaften veröffentlichen. Und jeder Mensch auf der ganzen Welt, von Amerika und Australien aus, der Internetanschluss hat, kann meine Homepage anwählen und mich kennen lernen. Aber dann fängt das Tolle erst an: Auf meine Homepage kann ich eine Verbindung einbauen – einen *„Link“* nennen das die Fachleute: Wer ein bestimmtes Feld auf meiner Homepage anwählt, kommt in andere Computerwelten, die mir selbst etwas bedeuten: Von meiner persönlichen Internetseite aus kann ich den Besucher auf die Homepage meiner Lieblings-Band weiterführen, ich kann eine Verbindung zu meinem Fußballverein einbauen oder zu meinem Heimatort. Wer auf das richtige Feld in meiner Homepage klickt, kommt zu neuen Inhalten, zu neuen Bildern, zu neuen Spielen … So wird das Internet zum unendlichen Feld des Entdeckens und Schnüffelns, so kann das „Surfen“ im Internet zur Sucht werden …

Im Grunde hat für mich persönlich so eine Homepage auf dem Bildschirm mehr noch als die alte Visitenkarte sehr viel mit einer *Haustüre* gemeinsam: Ich stehe vor einer Haustüre, habe vielleicht schon einen Namen und einen Eindruck von dem, den ich hier treffe und jetzt bin ich gespannt, ob sich die Haustüre öffnet, was ich von dem kennen lerne und erfahre, der hier wohnt.

Ein Zeichen setzen, das Verbindung herstellt

Ihr geht heute als *Sternsinger* in die Straßen unserer Gemeinde. Ihr werdet vor vielen Haus- und Wohnungstüren, und – wie ich eben meine, vor vielen „Homepages" – stehen. Ihr werdet neugierig sein, ob und was sich dort öffnet, und ob ihr hereingebeten werdet. Ihr werdet euer Lied singen von den Königen auf dem Weg zum Gotteskind und euren Spruch vortragen von den Kindern in Not, für die ihr um eine Gabe bittet. Ihr macht das nicht nur aus Neugier und aus Spaß, ihr macht das auch nicht allein wegen der Spenden ... Nein, ihr werdet am Ende eures Besuches in den Häusern noch etwas Besonderes tun. Deshalb habe ich euch die Sache mit den Homepages und den Verknüpfungen und dem Internet vorhin erzählt: Ihr werdet auf die Haus- oder Wohnungstüre der Menschen, die ihr besucht, mit eurer Kreide einen Spruch schreiben: „*C + M + B 2001*", „Christus Mansionem Benedicat – Christus segne dieses Haus".
Dieser Spruch auf der Haus- oder Wohnungstüre, das ist für mich so etwas *wie ein Link* auf einer Homepage. Wer vor dieser Türe steht, wer diesen Spruch sieht und bewusst wahrnimmt, dem öffnet sich eine andere Welt, eine andere Wirklichkeit. Wer sich auf die Verknüpfung einlässt, den euer Spruch auf der Türe bedeutet, dem öffnet sich ein neuer Weg ins Leben: Leben unter dem Segen Gottes, Leben in der Gegenwart Jesu, in dem Gott in unser Leben gekommen ist. Wer schaut, was hinter diesen Zeichen steht, der weiß: Hinter dieser Haustüre ist mehr als das Vertrauen auf die eigene Kraft: Hinter dieser Haustüre bin ich hineingenommen in die Gemeinschaft von Menschen, die auf Gott vertrauen. Diese Gemeinschaft ist ein *Netz,* das uns miteinander trägt, es ist das stärkste Internet der Welt.

Eingebunden in ein Netz des Vertrauens

Wir wissen gut genug, dass es auch hinter den Türen, auf denen unser Spruch „Christus segne dieses Haus" steht, in diesem Jahr *Leid* geben wird. Auch hinter diesen Türen werden Menschen traurig und verzweifelt sein, werden sich Familien zerstreiten, werden Menschen im Tod die anderen zurücklassen. Aber wer immer wieder zurückkehren wird zu den Zeichen „C + M + B" an der Haustüre, wer immer wieder wie auf dem Computerbildschirm zurückblättert zum Ausgangssymbol, der kann sich neu Mut machen lassen, kann sich Kraft geben lassen aus der Verbindung mit diesem menschgewordenen Gott, an den uns diese Zeichen erinnern.
Für die Kinder und Jugendlichen wird vieles selbstverständlich sein, was mit Computer und Internet zu tun hat, für viele Eltern ist es fremd, für viele Großeltern ist es unheimlich. Aber schon viele Generationen vor uns haben im *Vertrauen auf die Gegenwart Gottes,* die sich in den Zeichen C+M+B zeigt, gelegt.

Jetzt machen wir uns mit diesem Segen, zu dem wir die Zahl 2001 dazuschreiben, auf den Weg in ein neues Jahrtausend. Wir dürfen vertrauen, dass der Segen Gottes uns auch in diesem Jahr begleiten wird. Aber unsere Aufgabe wird es immer wieder sein, Zeichen zu setzen, die an diesen Segen erinnern und zurückbinden. So wie ihr Sternsinger es heute mit eurer Aufschrift auf die Türen macht.
Ich freue mich auf dieses Jahr, ich freue mich auf die vielen Homepages, die ich in diesem Jahr im Internet entdecken werde und ich bin gespannt auf alle die „Links", zu denen sie mich führen. Ich freue mich aber noch mehr auf alle die Haus- und Wohnungstüren, an denen ich den Segensspruch der Sternsinger finden werde. Denn diese Türen, diese Homepages, diese Visitenkarten, zeigen mir: Hier wohnt ein Mensch, der in seinem und in unserem gemeinsamen Glauben an den Segen Gottes in dieses Jahr geht. Denn dass wir uns daran immer wieder erinnern, dass Gott uns begleitet mit seinem Segen, das ist doch die schönste Botschaft, die wir einander – sei es als „SMS" oder als „E-Mail" oder eben einfach mit der Kreide auf die Haustür – schicken können. *Bernhard Heuberger*

4. Blasiussegen

GOTTES HEILENDE NÄHE

Texte: Röm 5, 1–5; Mk 16, 15–20
Zielsatz: Zeigen, dass der Segen nicht magisches Tun ist, sondern Ermutigung zum Vertrauen.

Legende

Selbst wer nicht mehr viele Gedenktage von Heiligen kennt, weiß vielleicht noch, dass am 3. Februar der Gedenktag des *hl. Blasius* ist. Es ist nicht so sehr die Gestalt des Heiligen, die sich da besonders eingeprägt hat, sondern der besondere Segen, der Blasiussegen, der an diesem Tag erteilt wird. Die Gestalt des Heiligen ist für uns heute nicht mehr fassbar. Doch Legenden sind von ihm überliefert, die uns etwas vom Wesen dieses Mannes erahnen lassen.
Eine dieser Legenden erzählt, dass Blasius ursprünglich Arzt war. Später wurde er Bischof von Sebaste in Armenien. In dieser Zeit fielen die Christenverfolger des *Kaisers Diokletian* in Sebaste ein. Der Bischof und die anderen Christen flohen. Die Verfolger fanden jedoch den Bischof Blasius und ließen ihn in den Kerker werfen und schwer misshandeln. Von dieser Zeit im Kerker erzählt die bekannte Legende, dass der Bischof einen Jungen, der an einer Fischgräte zu ersticken drohte, durch sein Gebet geheilt habe. So wird der Hei-

lige bei Halskrankheiten und Erstickungsgefahr um seine Fürsprache angerufen und deswegen auch zu den vierzehn Nothelfern gezählt. Das Segenswort spricht davon, wenn gesagt wird: „Auf die Fürsprache des heiligen Blasius, bewahre dich der Herr vor Halskrankheit und allem Bösen. Es segne dich Gott, der Vater und der Sohn und der Heilige Geist."

Unsere „Halskrankheiten"

Nun geht es bei diesem Segen sicher nicht nur um Fischgräten und Erkältungskrankheiten. Es geht um Situationen, die wir Menschen immer wieder erfahren. Manchmal ist mir der Hals vor Angst wie zugeschnürt. Ich kann nicht richtig atmen, kaum sprechen. Ich bekomme keine Luft mehr und bin wie eingeengt. Was diese Angst in mir auslöst, ist meist nicht so sicher zu sagen. Es können Menschen sein, die mir Angst machen, Situationen, die mich bedrängen, Räume, in denen ich mich eingeengt fühle.

Es kann auch sein, dass ich etwas verschluckt habe. Ich habe Verletzungen und Kränkungen hinuntergeschluckt. Habe mich nicht dagegen gewehrt und hätte es doch gerne getan. Nun steckt mir das alles wie ein dicker Brocken im Hals. Manchmal bekomme ich auch keine Luft mehr. Es gibt Menschen, die mir die Luft wegnehmen. In ihrer Nähe bleibt mir die Luft weg, und ich kann nicht mehr frei atmen. Irgendetwas krallt sich in mir fest, wie die Fischgräte im Hals des Jungen, den Blasius geheilt hat.

Der Segen als Weg der Heilung

Der Segen am Fest des Blasius kann einen Weg der Heilung aufzeigen. Nicht, dass er wie ein Zauberspruch alles sofort von mir nimmt. Das wäre Magie und ist nie der Sinn eines Segens. Der Segen soll mir Mut zusagen, dass ich meine Enge und Angst, alles, was ich hinuntergeschluckt und unterdrückt habe, alles, was mir den Atem nimmt, meine ganze Angst vor Gott hintrage und ihm hinhalte. Der Segen kann mir so mein Vertrauen stärken, dass Gott mich gerade dort liebevoll berührt, wo ich mich ohnmächtig fühle, die Dinge zu ändern und loszulassen. Gerade dort kann ich Gottes heilender Liebe begegnen.

Gottes liebende Nähe

Beim Blasiussegen werden zwei brennende Kerzen über mich gehalten. Gott hält uns darin seine liebende Wärme entgegen, die ich im Ritus deutlich spüren kann. Er nimmt mich darin gewissermaßen um den Hals, um mich spüren zu lassen, ich bin bei dir, da ich dich liebe. Leg deine Angst und Enge in meine Hand und atme wieder auf. *Klaus Armbrust*

Literatur: *Anselm Grün,* Wunden zu Perlen verwandeln, Münsterschwarzach 1997.

SICH SEGNEN LASSEN

Texte: Röm 5, 1–5; Mk 16, 15–20

Kein Leben ohne Gefährdung

Wer ins Leben will, muss sich auch in die Gefahr begeben. Seit unserer Geburt haben wir Angst. Allumfassende Geborgenheit ging verloren. Und die Freiheit des aufrechten Ganges ist teuer erkauft durch Risiko und Unsicherheit. Wer ins Leben will, muss sich auch in die Gefahr begeben. Das wissen die Eltern, wenn sie ihre Kinder das erste Mal allein in den Kindergarten schicken. Irgendwann muss es dieses erste Mal geben. Anders lernen die Kinder nicht, die Welt kennen zu lernen und sich zu schützen. Und doch ist es für Eltern schwer, die Kinder in die Freiheit und damit aus dem eigenen Schutz zu entlassen. So haben Vater und Mutter die Sehnsucht, dass ihr Schutz mit den Kindern irgendwie mitgeht, obwohl sie selber nicht mitgehen können. Und wenn gläubige Eltern dem Kind ein Kreuzzeichen auf die Stirne geben und es segnen, dann wissen sie: Wir können das Kind nicht mehr sichern: Gott oder ein Schutzengel soll es tun.

Sehnsucht nach Schutz und Segen

Diese Sehnsucht, sich und andere unter den Lebensschutz Gottes zu stellen, bricht sich auch in der Bibel vielfach Bahn. Über 450-mal kommt das Wort segnen oder Segen in der Bibel vor, und sehr oft an Stellen, die für die Menschen, von denen gerade die Rede ist, sehr entscheidend sind. Auch in den Gebeten Israels, in den Psalmen, lesen wir sehr eindrucksvolle Worte: „Denn der Herr ist deine Zuversicht, der Höchste ist deine Zuflucht. Es wird dir kein Übel begegnen und keine Plage wird sich deinem Hause nahen. Denn er hat seinen Engeln befohlen, dass sie dich behüten auf allen deinen Wegen, dass sie dich auf den Händen tragen und du deinen Fuß nicht an einen Stein stoßest“ (Ps 91, 9–12). Immer geht es in den Geschichten der Bibel darum, dass Gott seine lebensfördernde Kraft mit den Menschen teilen will: seine heilende, schützende, helfende und rettende Kraft, die nach der Bitte des Vater Unsers vom Übel befreit.

Das Gegenteil von Segnen kennen wir nicht nur aus der Bibel, sondern vielfach auch aus den Märchen, wenn jemand nicht mehr Gutes wünscht, sondern Böses, wenn er verwünscht, wenn er verflucht. Bis in die heutige Zeit ist noch etwas von der Angst vor einem bösen Wort zurückgeblieben, dass die Verwünschung eines Menschen, der uns hasst, uns auch tatsächlich Unheil bringen könnte. Als könne

das Wort eines anderen unheilvolle Kräfte gegen uns mobilisieren. Im Segnen dagegen geschieht etwas ganz anderes, nämlich die Hoffnung, dass unser Wort die heilende Kraft Gottes für andere aktivieren könne, sodass sie in seiner schützenden Aura bleiben, in der Zone des Heils, nicht in der Zone des Unheils. Wer segnet, empfiehlt einen Menschen dem Schutz Gottes.
Dies geschieht in der Bibel, aber auch in vielen anderen Religionen und Kulturen insbesondere dann, wenn sich Menschen begrüßen oder wenn sie voneinander Abschied nehmen. So auch beim Abschied der Sterbenden: sie segnen die Zurückgebliebenen, sei es mit der Vorstellung, dass sich dadurch ihre Lebenskraft auf die Nachkommen überträgt, dass also etwas von ihnen in den Zurückgebliebenen bleibt, sei es mit einer Erinnerung, sei es mit einem Auftrag. Der Segen vollzieht sich dabei oft im Glauben, dass Gottes Schutz und Lebenskraft bei den Zurückgebliebenen sein wird, wenn der sterbende Mensch nicht mehr da sein wird.
In der Vätergeschichte Israels verbindet sich der Segen Gottes mit dem Auftrag, das Land zu verlassen und in das gelobte Land auszuwandern. Der Segen steht also an einer zukunftsträchtigen Wende nicht nur im Leben Abrahams, sondern im Leben seiner ganzen Sippe. Zugleich wird ihm aber deutlich gemacht, dass er selber ein Segen sein dürfe und solle, dass er das Empfangene weiterzugeben habe, indem *er* die Menschen segnet (vgl. Gen 12, 1–5). Von Gott Gesegnete sind selbst ein Segen, oder sie werden der Verantwortung des Gesegnetwerdens nicht gerecht.
Wer sich segnen lässt, weiß: niemand kann sein Leben selbst rundum absichern. Die Erfahrung von Ohnmacht und Hilflosigkeit gehört zum menschlichen Leben dazu. Wer dies verdrängt, ist immer darauf angewiesen, seine Sicherheit mit Gewalt und auf Kosten anderer herzustellen. Oder er sichert so viel ab, dass er sich ums Leben bringt. Wer nicht mehr aus dem Haus geht, weil er Angst vor einem Unfall hat, dem entgeht dieses Leben außerhalb seines Hauses. Wir haben keine Wahl, wir müssen auf das Leben vertrauen. Und in unserem Glauben dürfen wir darauf vertrauen, dass Gott uns selbst in diesem Leben trägt. Sich und andere dahinein loszulassen, ist nicht einfach, aber notwendig.

Körperliche Nähe

Segnen, geschieht es unter Menschen, ist fast immer auch ein Zeichen der Berührung: im Kreuzzeichen und in der Handauflegung. Wer jemanden segnet, kommt ihm/ihr auch körperlich nahe. So rührt die Frau, die aufgrund ihrer Menstruation in Israel als unrein galt, das Kleid Jesu an und spürt sofort, wie von ihm eine Segenskraft ausgeht und sie erreicht (vgl. Mt 9, 20). Im Segnen und Gesegnetwerden fallen also falsche Schranken, wie zwischen rein und

unrein, arm und reich, innen und außen, alt und jung. So segnet Jesus die Kinder, indem er sie berührt und in die Mitte stellt, also für die Erwachsenen wichtig macht (vgl. Mt 19, 13–14). Insgesamt wissen wir von ihm, dass ihm beides wichtig war, nicht nur die Seelsorge, sondern auch die Leibsorge, er hat nicht nur von Sünden losgesprochen, sondern auch körperlich geheilt. Eine ganzheitliche Heilssorge kommt hier zum Vorschein. Wenn man das Beste für einen anderen Menschen will, dann wird sich dies ja auf alle seine Lebensmöglichkeiten beziehen.
Dass sich die christliche Religion nicht nur auf das Geistliche, sondern auch auf das Leibliche erstreckt, hat man heutzutage auch in der Liturgie neu entdeckt, nämlich in Heilungsgottesdiensten, wo Kranken die Hand aufgelegt wird und wo sie spüren, dass etwas heil in ihnen wird, auch wenn sie nicht gesund werden. Auch die Wallfahrtsorte wie Lourdes und Fatima haben noch diese leibliche Dimension unseres Glaubens gerettet. Natürlich kann man auch damit Missbrauch treiben, indem man die Gottesbeziehung nur noch für die Heilung in Dienst nimmt und nicht mehr zulässt, dass Gott auch darüber hinaus Geheimnis unseres Lebens bleibt, dass er uns auch im Unheil nahe ist. Aber missbrauchbar war schon immer auch das Geistliche, wenn man etwa bestimmte Unterwerfungsspiritualitäten zur Bemächtigung von Menschen eingesetzt hat. Auch die Gefahr der Magie ist nicht von der Hand zu weisen und zugleich zu bewältigen, wenn klar bleibt: das menschliche Segenswort ist ein Wort des Glaubens und der Hoffnung auf die Macht Gottes in unserem Leben, nicht aber ein Zauberwort in der Macht der Menschen. Wenn das klar ist, kann aber auch der durch und durch menschliche Vorgang eingesehen werden, besonders in einer Zeit, wo die heilende Wirksamkeit des Seelischen für das Körperliche neu entdeckt wird. Wer sich gesegnet weiß, hat vielleicht so etwas wie eine „psychische Immunstärke", die ihm die nötige Kraft und Ausdauer gibt: im Risiko des Lebens und vor allem eines Lebens, das zusätzlich das Risiko zugunsten von anderen beinhaltet.

Sich durch Heilige segnen lassen

Das Volk der Gläubigen hat es immer gewusst: die Kirche ist nicht nur eine Kirche der Lebenden, sie reicht in den Himmel hinein, denn sie ist auch die Kirche der Heiligen. Die Heiligen gehören insbesondere dadurch zur Kirche, dass sie die jetzt Lebenden weiterhin begleiten, sie nicht im Stich lassen und dass sie für ihre Belange bei Gott eintreten. Nicht dass Gott so unsensibel wäre, die Sorgen und Nöte der Menschen nicht direkt wahrzunehmen. Die Heiligen sind vielmehr konkrete und in der Erinnerung irgendwie anfassbare Bilder der Gegenwart Gottes im Leben der Menschen. Hat sich Gott schon in seinem

Sohn Jesus Christus leiblich ausgedrückt und anfassbar gemacht, so fällt diese Wahrnehmungsmöglichkeit seiner selbst auch auf die Heiligen zurück. In ihnen hat das Volk der Gläubigen schon immer die Zuwendung Gottes erfahren. Mit ihrer konkreten Lebensgeschichte vertreten sie genauso „leiblich" die Sorgen und Freuden der Menschen. Sie bleiben in Solidarität mit uns, sie bleiben auf unserer Seite.

Dies gilt vor allem auch für unsere eigenen Namenspatrone. Zufällig tragen wir ihre Namen, und doch sind sie uns zugefallen als solche, die unser Bestes wollen. Vielleicht liegt hier der tiefere Grund dafür, dass die Kirche als *ein* Kriterium für die Selig- und Heiligsprechung hinhört, ob es nicht Menschen gibt, die unter Anrufung des oder der Heiligen ein Wunder der Heilung erfahren haben. Mit solcher Leiblichkeit treten sie im Himmel für die Menschen ein. So wäre es sicher interessant herauszubekommen, welchen Segen Ihr Namenspatron bzw. -patronin für Ihr eigenes Leben bereithält. Ich bin sicher: wenn Sie sich in deren Leben und Legende hinein vertiefen, werden Sie einiges für sich, Ihr Leben und Ihre Hoffnungen entdecken.

Was für die Heiligen gilt, gilt letztlich auch für unsere eigenen Toten. Sie wissen sich von Gott nun derart beschenkt, dass sie uns mit einer unermesslichen Großzügigkeit alles Gute gönnen, mehr als sie es jemals hier konnten. Über Schuldgefühle und Ängste hinweg dürfen wir diese Hoffnung auf ihr weites Herz uns gegenüber haben.

Blasius, der Nothelfer

Von diesen Streiflichtern auf die Bedeutung des *Segnens* und der *Heiligen* fällt wohl auch auf den heutigen Blasiussegen ein besonderer Glanz. Der heilige Blasius hat im 3. Jahrhundert nach Christus gelebt. Er war Bischof von Sebaste in Kappadokien. Von ihm wird erzählt, dass er Mensch und Kreatur segnete und ihre Verletzungen heilte. Als er während der Diokletianischen Christenverfolgung vom Statthalter Agricola verhaftet wird, heilt er ein Kind, das eine Gräte verschluckt hatte. Vor der Hinrichtung betet er darum, dass alle, die ein Übel an der Kehle oder sonst ein Siechtum haben, Erhörung finden, wenn sie in seinem Namen um Gesundung bäten. Eine Stimme vom Himmel versichert die Gewährung dieser Bitte. Hier, wie oft in den Heiligenlegenden, wird bereits in die Zeit des irdischen Menschen hineingeschrieben, was er für uns im Himmel sein wird. Auch das Motiv der Sicherheit taucht auf, das Vertrauen hervorruft.

Blasius wird 316 enthauptet. In der Darstellung der 14 Nothelfer in der Basilika von Vierzehnheiligen begegnet er als jener, der seinen eigenen Kopf in den Händen hält. Die Volksfrömmigkeit hat das Segensvermächtnis des heiligen Blasius spätestens seit dem 10. Jahrhundert aufgenommen. In der Pestzeit des

14. und 15. Jahrhunderts wird er den 14 Nothelfern beigesellt. Er galt auch insbesondere im ländlichen Bereich als Schützer der Tiere. Heute verbinden wir seinen Namen vor allem mit dem Blasiussegen als Vorbeugung und Hilfe gegen Halsleiden.
Wir nehmen heute diesen liturgischen Brauch als eine eigentlich seltene Gelegenheit (neben dem Primizsegen), um uns nicht nur allgemein in Gemeinschaft, sondern persönlich segnen zu lassen. Diese individuelle Zusprache und Zuwendung lässt etwas erfahrbar werden: Dass Gott zu jedem und zu jeder von uns eine ureigene und unverwechselbare Beziehung hat, dass er mit uns geht, uns im Leben trägt und schützt und schließlich auch im Tode nicht fallen lässt. So verkörpert Blasius die unendliche Solidarität Gottes mit uns. Diese persönliche Zuwendung nicht nur zu denken und zu glauben, sondern auch in einem persönlichen Segen zu erfahren, das hat wohl für sich allein schon eine guttuende und heilende Wirkung.
So lassen wir uns segnen:
- denn wir wissen uns abhängig von der Gnade Gottes, von dem, der alles schenkt: das Leben, die Gesundheit, die Begegnungen, die Gemeinschaften.
- indem wir uns von einem *anderen* all das zusagen lassen: wir können uns eigentlich nicht selber segnen, sondern sind darin auf eine direkte Begegnung mit anderen angewiesen.
- indem in diesem persönlichen Nahekommen Gottes Freundschaft, Anerkennung und Liebe spürbar auf mich zukommen: mit einer Stimme und mit einer Geste, die Zuwendung von Mensch zu Mensch bedeuten.

Ottmar Fuchs

HEILKRAFT DES GLAUBENS

Texte: Röm 5, 1–5; Mk 16, 15–20

Am Schluss des heutigen Gottesdienstes wird der Blasius-Segen erteilt – eine immer noch gefragte symbolische Handlung. Zwei über Kreuz gehaltene brennende Kerzen werden vor das Gesicht des Empfängers, der Empfängerin gehalten und dazu wird Gottes Segen erbeten und mitgeteilt. Was hat Menschen früherer Zeiten dazu bewogen, diese Symbolhandlung zu erfinden? Warum wollen wir davon nicht lassen?

In allen Dimensionen „heil“ werden wollen

Gewiss: Wir leben in Zeiten, in denen das Gesetz der Spezialisierung herrscht. Für Krankheiten ist die Medizin zuständig, vielleicht auch die Psychotherapie;

für Religion sind noch die Kirchen zuständig. Dass aber zwischen Heil und Heilung, zwischen Gesundheit und Heilsein ein innerer Zusammenhang besteht, ist weithin vergessen. Psychologie und Medizin sind tendenziell gottlos geworden und Theologie wie Pastoral haben das Tiefenwissen um die Seele weithin vergessen. Wie aber könnten wir Menschen heil und ganz werden, wenn wir unter dem Diktat der Überspezialisierung zerstückelt werden und zerstückelt bleiben? Heil und Heilung gehören untrennbar zusammen. Deshalb doch sprechen wir vom Heiland Jesus Christus, vom verwundeten Arzt aus Nazaret. Deshalb heute seine Botschaft: „Geht hinaus in die ganze Welt und verkündet das Evangelium allen Geschöpfen." Wohlgemerkt: Nicht nur den Menschen, sondern allen Geschöpfen! Er will der Heiland aller sein, in ihm kommt Gottes schöpferische Heilkraft allen und allem zugute. „Die Kranken, denen sie die Hände auflegen, werden gesund werden." Das hat nichts mit Magie und Zauberei zu tun, das soll weder Medizin noch Therapie ersetzen. Aber es zeigt, wie die Geschöpfe heil werden in allen Dimensionen ihres Daseins. Wir Menschen sind eben, Gott sei Dank, keine Engel, sondern Sinnenwesen mit Leib und Geist und Seele. Das Heil, das wir im Glauben suchen und empfangen, ist nicht bloß Geistiges, schon gar nicht bloß etwas Jenseitiges; es will sich hier und jetzt heilkräftig auswirken in allen Dimensionen unseres irdischen und leiblichen Daseins. „Sprich nur ein Wort, und meine Seele wird gesund", und mein Leib auch! Damit werden Krankheiten nicht weggezaubert, damit werden Krisen oder gar Katastrophen nicht schön geredet; oft genug sind sie schier unabwendbar. Aber die Einstellung zu all dem ist eine andere, wenn wir glauben dürfen. Denn Gottes Heilkraft zeigt sich in allem dann – in der Gesundheit und in der Krankheit, im Gelingen und im Scheitern. Deshalb die vielen Heilungsgeschichten im Neuen Testament, deshalb die Aufforderung Jesu an seine Jünger, weiter zu tun, was mit ihm in die Welt kam: Heil und Heilung zu empfangen und zu leben.

Blasius – Symbol von Gottes heilender Gegenwart

Ob das der Grund ist, dass Menschen früherer Christengenerationen gerade den heiligen Blasius hochschätzten und auserwählten? Historisch wissen wir von ihm so gut wie nichts. Er sei zum Märtyrer geworden in den letzten römischen Verfolgungen; und noch im Gefängnis habe er glaubend und betend geholfen; ein ebenfalls gefangenes Kind z. B., das an einer Fischgräte zu ersticken drohte, habe er geheilt. So banal und zufällig wie eine verschluckte Gräte ist allzuoft unser Leben. Selten besteht es ja aus Höhenflügen, meistens setzt es sich aus den Zufälligkeiten des Alltäglichen zusammen. Und gerade darin will sich die Heilkraft des Glaubens zeigen. Blasius, ist so für

frühere Christengenerationen zum Symbol von Gottes heilender Gegenwart geworden, hier und jetzt, in den Widrigkeiten und Alltäglichkeiten des Lebens.
Der Glaube ist konkret – und jeden Augenblick sollten wir damit rechnen, dass Gottes heilende Gegenwart alles verwandelt wie Brot und Wein. Nochmal: Der Blasius-Segen ist kein magischer Mechanismus, und Mediziner wie Psychotherapeuten werden nicht arbeitslos. Entscheidend aber ist, ob eine Grundhaltung der Hoffnung, des Vertrauens und der Zuversicht da ist. Diese sind es, die wahrhaft gesund machen, selbst dann, wenn eine Krankheit unheilbar scheint. Die wahren Wunder sind nicht die sensationellen und außergewöhnlichen Ereignisse; die wahren Wunder geschehen im Alltäglichsten, wie bei dem Jungen mit der Fischgräte, wie beim mutlosen Mitmenschen, der aus seiner Resignation aufwacht und neu Tritt fasst. Dafür sind die brennenden Kerzen wichtig – ein sprechendes Symbol und beim Segenspenden freue ich mich immer wieder, wenn mich die Augen meines Gegenübers neugierig und aufmerksam anschauen. Besonders Kinderaugen sind es, die so schauen können, so wach und so bedürftig, so wissend und so gebend. Der sichtbare Segen in der Kreuzesform, mit den segnenden Händen – auch er ist ein sinnenfälliges Zeichen. Noch wärmer und unmittelbarer ist die Handauflegung. Da kann Gottes schöpferische Energie strömen von einem zum anderen, da ist Gottes Heilkraft am Werk.

Die „Vierzehnheiligen" – eine Gesundungsagentur von Gottes Gnaden

Christen haben ihn zu einem der 14 Nothelfer gemacht. Aus der Schar der guten Geister aus Vergangenheit und Gegenwart haben sie zweimal sieben ausgewählt – und in dieser Runde war ihnen Blasius so wichtig. Natürlich spielten konkrete Notlagen eine Rolle, offensichtlich gerade Halskrankheiten. Für die wichtigsten Nöte brauchte man eine persönliche Ansprechperson im Himmel. Für jede Angst und jede Hoffnung gab es einen speziellen Adressaten. Und Blasius war einer von ihnen. Welch kostbares System der Heilsvermittlung zwischen Himmel und Erde, welche Gesundungsagentur von Gottes Gnaden. Gewiss: Heutzutage wissen die wenigsten noch von den „Vierzehnheiligen", und mit Halskrankheiten gehen wir anders um. Aber immer noch sprechen wir z. B. davon, „einen dicken Hals" zu bekommen, vor lauter Wut und Frust. Wie der Hals ist jedes Organ des Körpers Ausdruck und Gegenwart des ganzen Menschen. Hier sind die Krankheitsherde, hier sind die Heilkräfte der Natur, hier sind die Heilkräfte Gottes. Eine christliche Gemeinde sollte in diesem Sinn eine Gemeinschaft der Heiligen und Heilenden sein. Wohlgemerkt: Die Fachmediziner sollen nicht ersetzt werden, die Therapeutinnen und Therapeuten auch nicht. Aber ein heilendes Gesamtklima sollte unter uns herrschen, denn es ist ja der Heilige und heilende Geist, dem wir unseren Glauben verdanken und unsere Hoffnung. Er ist es, der allen Geschöpfen zugute kommen will und der das Angesicht der Erde erneuert. Warum gehen denn heute spirituelle Menschen oft auf die Suche nach einem Heiler oder einer Heilerin? Erleben Sie in den Kirchen diesen heiligen und heilenden Geist nicht oder zu wenig? Kennen Sie den Heiland aus Nazaret nicht mehr? Der heilige Blasius und sein Segen können uns neu und tief daran erinnern, wie sehr Heil und Heilung untrennbar zusammengehören und das Geheimnis unseres Glaubens ausmachen. Das nämlich zielt auf die Auferstehung des Fleisches, die Einbergung des ganzen, des irdischen und leiblichen Lebens in das Geheimnis der göttlichen Güte. „Geht also hinaus in die ganze Welt und verkündet dieses Evangelium allen Geschöpfen" – im Sinne des heiligen Blasius zum Beispiel.

Gotthard Fuchs

5. Speisesegen an Ostern

SEHT UND KOSTET!

Texte: 1 Kor 5–8; Joh 20, 1–9

Zielsatz: Die österliche Speisesegnung zeigt, dass der Nahrung eine gütige Qualität innewohnt, die in die Lebensfülle führt. Darauf will die Ansprache aufmerksam machen.

Gute Gaben …

Viele von Ihnen haben daran mitgewirkt und nun steht es vor dem Altar, ein wahres Kunstwerk, ein überraschend buntes Arrangement, ein Fest für die Augen: Weißbrote, Graubrote, Schwarzbrote, Kuchen, mit Puderzucker garnierte Osterlämmer, Schinken, Würste, Käse, bunte Ostereier, und das alles in reicher Fülle, zu einem vielschichtigen Berg aufgetürmt. Dazwischen grünes Moos, bunte Tulpen, gelbe Osterglocken, graubraune Weidenkätzchen, blaue Veilchen und mittendrin der in allen Farben bebänderte und mit kunstvoll bemalten Ostereiern geschmückte Osterstrauch. Ein wunderbares Bild! Ich schaue immer wieder hin und kann mich von diesem Anblick kaum lösen. Mit dem Dichter *Gottfried Keller* möchte ich rufen: „Trinkt, o Augen, was die Wimper hält, von dem goldnen Überfluss der Welt!" Seht! Schaut! Öffnet eure Augen! Lasst dieses Bild wirken! Eine andere Seite des Osterfestes, des Lebensfestes schlechthin, wird sich zeigen.

... ihren Segen wahrnehmen

Wenn wir jetzt diese guten Gaben segnen, fügen wir ihnen keine neuen Qualitäts- und Gütesiegel zu. Es geht vielmehr darum, ihre eigentliche Güte und Qualität zu entdecken, mit der sie vom schöpferischen Tun Gottes und der Menschen begabt sind. Die Augen des Herzens sollen uns aufgehen für die in ihnen lebende Segensmacht. Lassen wir das an uns geschehen, beginnen wir zu staunen über die wunderbaren Qualitäten der Gaben der Schöpfung, und wir werden wirklich erleben, dass wir durch unsere geschöpfliche Mitwelt reich beschenkt werden. Dadurch werden wir wie von selbst zu dankbaren Menschen. Gewiss gibt es Menschen, die ihre geschöpfliche Mitwelt systematisch ausbeuten, missbrauchen und zerstören und gerade auf dem Gebiet der so genannten Lebensmittelproduktion werden wir jetzt zu Zeugen, wie sich die Natur dagegen wehrt und auch ‚rächt'. Die Segensfülle Gottes mit ihrer darin gegenwärtigen Lebensmacht lässt sich dadurch nicht wegkatapultieren. Sie hält sich trotz aller zerstörerischen Macht durch. In ihr zeigt sich Gott selbst als der, der da ist und in Treue zu seiner Schöpfung steht und sie in seine Fülle führen wird. Die Segensmacht Gottes ist immer stärker als die vernichtende Kraft der Menschen, die sich in ihrem Tun von ihrem wahren Wesen abwenden. Dieser Glaube und dieses Vertrauen führen uns zu einer tieferen Lebenshoffnung und Lebenszuversicht. Die aber haben wir bitter nötig.

... ihren Segen schmecken

Die guten Gaben, die wir in diesem bunten Arrangement anschauen und bewundern, nehmen wir nachher mit nach Hause und halten dort mit unseren Familien und Freunden ein Osterfrühstück oder Ostermahl. Wir setzen auf andere Weise das österliche eucharistische Mahl, das wir hier gefeiert haben, fort. In diesem Mahl genießen wir diese guten Gaben. Wenn wir vielleicht auf manche von ihnen in der österlichen Bußzeit verzichtet haben, werden wir sicher ganz neu ihren Geschmack erleben. Vielleicht werden sie uns dann wenigstens für einen Augenblick zum Inbegriff des Lebensgeschmacks überhaupt. Bei diesem Mahl erinnern wir uns dann, dass schon der vorösterliche Jesus Menschen seiner Umgebung zum Mahl eingeladen und mit ihnen gegessen und getrunken hat. Jesus liebte das Leben in all seinen Dimensionen und genoß mit den Menschen seiner Umgebung die Segensfülle der guten Gaben der Schöpfung. Sie schmeckten darin gleichsam den Gott des Lebens, der ihnen die Mittel zum Leben schenkt. Vielleicht ging ihnen da auf, dass Gott selbst für sie zum Mittel des Lebens wurde und vielleicht ahnten sie, dass sie nur dann wirklich Geschöpfe dieses Gottes sein konnten, wenn sie selbst füreinander zum Mittel des Lebens wurden. Wenn wir unser Osterfrühstück und Ostermahl von den vorösterlichen Mählern Jesu mit den Menschen seiner Umgebung ‚einfärben' lassen, geht uns vielleicht auf, dass wir selbst zu einem Lebensmittel füreinander und somit zum Segen für das Gelingen unseres Lebens und des Lebens unserer Mitwelt werden können und sollen.

... ihren österlichen Segen glauben

Die Gaben, die jetzt in diesem bunten Arrangement vor uns liegen, erleben wir als österliche Gaben. Sie empfangen ihren Segensglanz vom auferweckten Herrn. An ihm zeigt sich die Lebensmacht Gottes in seiner ganzen Fülle. Sie lebt sich durch seinen Tod hindurch und führt den am Kreuz Gestorbenen in eine neue Dimension des Lebens. Die irdische, geschichtliche Gestalt seines Lebens wandelt sich durch den Tod hindurch zu einer neuen verklärten Seinsweise. Das, was sich im Tod und in der Auferweckung Jesu ereignet, wird allem zuteil, was ist und lebt. Alles verliert im Prozess des Lebens seine bisherige Gestalt und wächst vor allem im Sterben in seine künftige Gestalt hinein. Nichts geht verloren. Alles dient auch einer kommenden Lebensform und lebt in anderer Gestalt weiter. Die Segensmacht Gottes, die allem innewohnt, ist eine Lebensmacht, die in die Fülle und das Fest endgültig gelingenden Lebens führt. Darauf dürfen wir hoffen. Daran dürfen wir glauben.

Franz-Josef Janicki

6. Wettersegen

EIN DIENST FÜR MENSCH UND SCHÖPFUNG

Text: Ps 104

Kasus und Situation: Die Predigt wird bei einer Wort-Gottes-Feier oder einer Eucharistiefeier gehalten vor oder kurz nach dem Fest des hl. Markus (25. April). Es wird damit der Wettersegen wieder eingeläutet, der von da an bis zum Fest der Kreuzerhöhung (14. September) begangen wird. Der bei uns im Bayerischen Wald noch sehr geschätzte Wettersegen ist am Ende einer Liturgie (vor allem der sonntäglichen Liturgie) eingeordnet. Dabei wird nach dem Dankgebet gemeinsam der Wettersegen aus dem Gotteslob gebetet („Allmächtiger, gütiger Gott! Wir preisen Deine Macht und danken Deiner Güte, mit der Du väterlich für alle Deine Geschöpfe sorgst ..."/GL 805 – Passauer Diözesanteil). Abgeschlossen wird die Liturgie mit dem Segen durch das Allerheiligste. In manchen Gebieten geschieht dies auch mit einem Kreuzpartikel. Eng verbunden sind mit dem Wettersegen des Weiteren Flurumgänge und Bittgänge.

Ziel dieser Predigt ist es, den Wettersegen als ein Gebet zu betrachten, das uns in Beziehung zum Herrn der Schöpfung bringt. Auf diese Weise werden magische Verständnisformen, die wähnen, das Wetter „machen“ zu können, überwunden bzw. überdacht. Zugleich soll der gemeinsame Vollzug des Wettersegens als ein Dienst für Mensch und Schöpfung erfahren werden.

Zur Lesung wird Ps 104 abwechselnd von Gemeinde und Lektor/in gesprochen.

Wettervorhersagen?

Obwohl sie so oft nicht recht haben, werden sie bei den Zuschauern im Fernsehen immer beliebter. Gemeint sind die Wettervorhersagen. Aus dem Studio heraus werden sie mit Computertechnik und Satellitenaufnahmen in die Wohnzimmer gesendet. Manchmal ist es wie Lotto, wenn schönes Wetter angesagt wird. Stimmt das dann auch für die Region, in der wir wohnen, oder regnet es bei uns vielleicht doch? Das Wetter bleibt im Letzten unberechenbar, auch wenn sehr viel mit hoher Wahrscheinlichkeit vorhersagbar ist.
Aber machbar ist das Wetter für uns dennoch nicht. Wir können kein schönes Wetter herbeizaubern oder Regen, wenn wir ihn gerade benötigen würden für die Wiesen und Felder. Andererseits wissen wir heute, dass wir Menschen sehr wohl dazu beitragen, dass das Klima auf unserer Erde zunehmend von uns nachteilig beeinflusst wird. Insofern sind wir heute mehr denn je Wettermacher geworden. Aber darauf brauchen wir nicht stolz zu sein.

Wettersegen: gestern und heute

Worauf wir aber stolz sind, ist unser Brauchtum, zwischen dem Fest des hl. Markus, 25. April, und dem Fest der Kreuzerhöhung, 14. September, den Wettersegen zu beten. Schon im Mittelalter haben Menschen versucht, einer nachteiligen Wetterfront zu begegnen. Es wurden die Glocken angestimmt zum Wetterläuten. Man zog unter Gebet und mit dem Allerheiligsten oder einem Kreuzpartikel der Wetterfront entgegen und segnete die Wolken. Später entstand daraus der Wettersegen, Schauerprozessionen und das heute noch bekannte Schaueramt. Überlebenswichtig war es, gutes Wetter zu haben, um die notwendige Ernte einzuholen. Darum legten die Menschen großen Wert darauf, dass um günstiges Wetter gebetet werden möge.
Heute fragen viele, ob es denn möglich sei, gutes Wetter zu erbeten. „Das Wetter kommt, wie es kommt. Da helfen keine Glocken, keine Wetterkerzen, keine Gebete.“ Solche Stimmen sind bedenkenswert. Denn die Versuchung ist gegeben, dass christliche Gebräuche um den Wettersegen zur Magie verkommen.

Nach dem Motto: Wir werden das Wetter schon „zurechtbeten". Aber liegt darin nicht eine Versuchung, Gebet zur Magie werden zu lassen?

Gebet statt Magie

Wir wollen vielmehr, statt Magie zu üben, beten.
Wir wissen um uns. Wir haben ein tiefes Bedürfnis nach Segen. Wie in früheren Zeiten geht es auch uns um den Erhalt unserer Lebensgrundlagen. Im Gebet und Vollzug des Wettersegens tragen wir unsere Sorgen und Ängste vor unseren Gott hin. Dabei erfahren wir neu, dass Gott der Schöpfer der Welt ist. Alles, worum wir uns sorgen, unsere Lebensgrundlagen, unsere Arbeitsplätze, unsere Natur, die Früchte der Erde, den Wald, die Tourismus anziehende Landschaft, all das und noch viel mehr ist uns geschenkt.
Im Gebet entdecken wir, dass alles aus Gottes Händen kommt. Wir selber sind in seinen Händen. Ohne ihn besteht nichts.

Gottes Schöpfung: für uns Gabe und Aufgabe

In seinen Händen zu sein, heißt aber nicht, dass wir ihm im schlechten Sinne ausgeliefert wären. Ganz im Gegenteil – er lässt uns nicht fallen. Er birgt uns in seinen Händen. Er sorgt sich um uns, wie wir uns um das Wetter. So ist unser Gebet eine neue Chance, ihm zu begegnen, ihn neu wahrzunehmen. So liegt vor aller Bitte, ihm für die Natur und unser Leben zu danken. Vor allem Bitten gilt es zu bedenken, er ist der Schöpfer und wir haben die Schöpfung als Gabe und Aufgabe geschenkt bekommen. An uns liegt es, die Schöpfung sanft zu behandeln. Und wenn wir den Wettersegen beten, dann beten wir ihn nicht nur für uns persönlich, sondern wir beten ihn auch füreinander – für die ganze Welt.

Die Feier des Wettersegens: ein christlicher Dienst

So wird aus unserer Zusammenkunft, bei der wir den Wettersegen begehen, ein wahrhaft christlicher Dienst. Denn wir beten für uns, aber auch für unsere Familien, für Haus und Hof, für die Nachbarn, für die Dorf- und Landgemeinschaft, für die Menschen auf der Welt. Wir bitten darum, dass alle Menschen satt werden von dem, was uns die Erde Gutes spendet.

Ps 104 und wir

So wissen wir uns heute vor Gott und bedenken vor ihm die Worte des Psalmbeters, wenn er spricht: „Sie alle warten auf dich, dass du ihnen Speise gibst zur rechten Zeit. Gibst du ihnen, dann sammeln sie ein; öffnest du deine Hand, werden sie satt an Gutem." Dieses alttestamentliche Gebet aus dem Psalm 104, den wir heute zur Lesung gehört haben, richtet unsere Gedanken auf den Herrn der Schöpfung aus. Von ihm geht alles aus. Zu ihm kehrt alles zurück. In seine Hände werden wir uns heute und in den nächsten Monaten im Gebet des Wettersegens legen. Vor ihm werden wir uns aber auch verantwortlich wissen für die Schöpfung, die er uns anvertraut hat.

Hans Bauernfeind

7. Segnung der Fluren und Felder

„KREATUREN AUF DEN FLUREN"

Kasus und Situation: Anlässlich einer Flurprozession will die Predigt den christlichen Stellenwert der Schöpfung als geheimnisvollen Schauraum Gottes nahebringen.

Text: Ps 33

Die Schöpfung: Witz Gottes?

Im Bekannten- und Freundeskreis des Schriftstellers *Friedrich Hebbel* (1813–1863) wurde während einer Abendgesellschaft über theologische Fragen diskutiert. Einer der Anwesenden rief spontan: „Die Schöpfung ist doch ein Witz!" Hebbel erwiderte darauf: „Wer die Schöpfung für einen Witz hält, der hat die Pointe nicht verstanden, die Gott hineingelegt hat!"

Hintergrund dieser Anekdote ist die Faszination vieler Menschen des 19. Jahrhunderts, sich dem Evolutionismus zuzuwenden, einer Naturphilosophie nach der Welt und Universum in allmählicher Entwicklung fortschreiten. Gott als der Schöpfer hatte dabei abzudanken und war fehl am Platz. Wer Gott noch als „creator mundi" bezeichnete, wurde zu einem anachronistischen Träumer, der die neuzeitlichen Erkenntnisse der Biologie und Physik nicht zur Kenntnis nahm.

Heute, gut 150 Jahre später, ist der Lärm dieser Auseinandersetzung zwischen Schöpfung Gottes und Evolution ziemlich verstummt. Mit dem Gedanken der „creatio continua" – die Schöpfung als ein fortdauerndes Zusammenwirken von himmlischen und weltlichen Kräften, in denen Gott alles Geschaffene kraftvoll „schützt und leitet" (Vatikanum I) – wurde ein Gespräch zwischen Theologie und Naturwissenschaften ermöglicht.

Doch die Fragen bleiben: Wie sind Welt und Kosmos zu verstehen? Ist die

Schöpfung nicht für viele Menschen zu einem dinglichen Objekt geworden, das einfach zur Verfügung steht, also der Mensch der Eigentümer, dem alles schlüsselfertig übergeben wurde und der nun machen und gestalten kann, was er will – bis hin zur Mentalität des Wegwerfens? Haben wir Menschen verlernt, Spuren des Göttlichen in der Schöpfung zu erkennen, von der der Kirchenlehrer *Bonaventura* meinte, sie seien wie „laute Rufe der Natur"? Bringen wir es noch fertig, uns dem Verfasser des Psalmes 33 anzuschließen, der überzeugt war, dass „die Erde erfüllt ist von der Huld des Herrn"? Sind wir nicht weit weg von solcher Euphorie? Müssten wir Menschen nicht eher ein „mea culpa" sprechen, angesichts von Zerstörungen und Vergiftungen, vor denen wir nicht mehr die Augen verschließen dürfen?

Die Schöpfung: Pointe Gottes!

Mit einer Pointe ist die Sinnspitze gemeint, mit der ausdrücklich der geistreiche Effekt eines Gedankens betont wird. Welche Sinnspitze hat Gott der Schöpfung gegeben? Wohl nicht nur, dass ihr ein grundlegend gutes Programm eingegeben ist. Und auch die christliche Überzeugung, dass die Schöpfung ein andauerndes Ereignis darstellt, das den Menschen im Einzelnen und Ganzen Halt und Inhalt schenkt, genügt in diesem Zusammenhang nicht.

Auf die Pointe Gottes hat uns Christus aufmerksam gemacht. Er verweist in seinem Wort und Handeln häufig auf die Schöpfung, ja er bringt sie richtig zum Reden. Wir hören und lesen von den Lilien auf dem Feld, deren Kleid großartig gestaltet ist, von den Spatzen in der Luft, die – so unbedeutend sie sein mögen – auch im Willen Gottes zu Hause sind, von der Sonne und dem Regen, die menschliches Leben ermöglichen, vom erstaunlichen Wachsen der Saat und vom Wechsel der Jahreszeiten, der Werden und Vergehen ankündigt. Im Evangelium begegnet uns Christus, der überzeugt ist, dass die Schöpfung transparent für Gottes Willen und Wirken ist. Der lebendige Gott scheint in der Schöpfung durch und auf, sein Handeln wird versteh- und erkennbar. „Die Natur riecht nach Gott" *(Fridolin Stier)*, und es ist gewiss im Sinne Jesu, wenn gesungen wird: „Wir haben Gottes Spuren festgestellt, auf unseren Menschenstraßen …" Selbst die kleinsten und unscheinbarsten Dinge und Geschehnisse können (Ab-)Bilder werden für die machtvolle Größe Gottes. Genau darin spricht sich auch – so Christus – die stete Sorge dieses Gottes aus, für alles Geschaffene, weit entfernt von einer distanzierten Konsumhaltung.

Wie die Pointe der Schöpfung in heutiger Sprache ausgedrückt werden kann, hat der Rockmusiker *Oliver Schneider* gezeigt: „Und am besten gefällt mir, wenn man sagt, dass Gott überall und in allem ist – Gott als das, was die Dinge zusammenhält. Nicht zuerst als eine außerirdische Macht, sondern eher ein Netzwerk der ganzen Sachen."

Die Schöpfung: Schauraum Gottes!

Verstehen wir Christus recht: Welt und Kosmos sind unendlich viele, unterschiedliche, aber deutliche Hinweise auf Gott. Das bedeutet, dass wir Menschen von heute die Welt als Schöpfung neu sehen lernen müssen. In ihrer Selbstverständlichkeit ist diese Welt bedroht. Als Glaubende dürfen wir überzeugt sein, dass sie weder Zufallsprodukt noch gleichgültiges Material ist. Die Schöpfung ist die Welt Gottes. Er ist der Herr auch über alle und in allen Evolutionen, und so zeigt er der Menschheit die Herrlichkeit seiner Macht und Weisheit. Die Welt als Schöpfung und Welt Gottes neu zu sehen hat gar nichts mit harmloser, rückwärtsgerichteter Folklore zu tun. Immer werden wir aufgefordert, dieses Sehen konkret werden zu lassen – so wie Christus, nur heute auch und besonders in den Bedingungen der Großstädte, der Labore und der technischen Errungenschaften.

Hilfreich, sich in dieser Kunst des Sehens einzuüben, ist staunen: „Herr, wie zahlreich sind deine Werke! Mit Weisheit hast du sie alle gemacht" (Ps 104, 24). Und beten: Wie hat schon – lange vor Umweltverschmutzung und BSE – der Reformator *Martin Luther* hellsichtig und völlig not-wendend gebetet: „Viele unserer Beschwerden kommen ja daher, dass die Luft vergiftet ist und dadurch Früchte, Wein und Getreide. Wenn du darin einwilligst, müssen wir uns den Tod an unseren eigenen Erzeugnissen anessen und antrinken. Darum lass die Früchte gesegnet sein. Lass sie uns zur Gesundheit und zum Wohlbefinden heranwachsen. Bewahre uns auch davor, sie zu missbrauchen, um Leben zu gefährden oder Unrecht zu fördern."

In den Schauraum Gottes gehört andererseits auch die Tugend, den Menschen als Geschöpf, als Freund und Partner Gottes anzuschauen. Erinnern wir uns noch an das tragische Wort vom „Menschenmaterial"? Unsere Sprache verrät uns, wenn der Mensch zum Kanonenfutter, Stimmvieh oder zum Arbeitstier verkommt. Auch dann, wenn der Mensch mit sich selbst schlecht zurechtkommt, auch dann, wenn er „Sachzwängen" huldigt und das »Recht« des Stärkeren die Schwachen verletzt, auch dann, wenn er sich angesichts seiner egoistischen Machenschaften nicht als geliebtes Geschöpf fühlen kann, im christlichen Glauben bleibt jeder Mensch ein einmaliger Einfall Gottes, der berufen ist zum „Leben in Fülle". Seine Freiheit ereignet sich nicht in der Verdammnis, wie *Jean Paul Sartre* meint, sondern in der Würde, zu Gottes Geschöpf und Kind berufen zu sein. Menschenverachtung hat im Schauraum Gottes keinen Platz.

Die Schöpfung: Faktum oder Geheimnis Gottes?

Wir, die Kreaturen auf den Fluren, haben zwei Möglichkeiten, die Schöpfung zu betrachten. Einmal als Faktum: beispielsweise als gegebene Tatsache, als funktionsbereites Spielfeld oder bereitwillige Verfügungsmasse, mehr nicht. Oder als Ort, in dem es möglich ist, das Geheimnis des Lebens – Christen sagen dazu Gott – zu erahnen und zu erkennen, denn „keinem von uns ist er fern. Denn in ihm leben wir, bewegen wir uns und sind wir" (Apg 17, 27 f.). Diesem Geheimnis gehört unser Lob und Dank, aber auch unsere Verantwortung. Mitmenschlichkeit erfordert Mitgeschöpflichkeit, große Worte mit hohem Anspruch, gewiss, aber ist es nicht drängender denn je, die Schöpfung mit dem guten Programm in unser Denken und Handeln einzubeziehen? Billiger ist der Segen für unsere Fluren und Felder nicht zu haben.

Werner Schrüfer

GOTTES KRAFT WIRD SPÜRBAR IM WACHSEN UND REIFEN

Texte: Gen 11, 24–31; Mk 4, 1–9

Anlass und Situation: Es gehört zu den guten Überlieferungen in ländlichen Gegenden, im Frühjahr die Felder und Fluren zu segnen. Ursprünglich stand dieser Segen im Zusammenhang mit Flur- und Bittprozessionen. Der Mensch wusste, dass alles Wachstum und alles Reifen in der Natur von ihm nicht machbar ist. Dieses Bewusstsein ist vielfach verloren gegangen. Wissenschaft und Technik beherrschen die Welt, auch die Natur. Wenn wir Gottes Segen für Felder und Fluren erbitten, dann ist das auch Erinnerung daran, dass wir auf Gott in allem unserem Tun unser Vertrauen setzen dürfen und dass unsere Machbarkeit der Welt begrenzt ist.

Der Traum vom Paradies

Wir träumen ihn immer noch, den Traum vom Paradies, von einer heilen Welt, die in Ordnung ist. Naturkatastrophen rütteln uns aus diesem Traum immer wieder auf und erschrecken uns. Plötzlich wird uns deutlich, dass diese Welt, diese Schöpfung längst nicht mehr heil ist, dass vieles der Zerstörung preisgegeben ist. Längst haben wir das Paradies verloren. Das Essen vom Baum der Erkenntnis im Paradies, von dem die Bibel erzählt, war der Verlust des Vertrauens des Menschen in die schöpferische Macht Gottes, in der sich alles Lebendige geborgen wissen darf. Wir Menschen haben die Welt und alles Leben in die Hand genommen. Wir planen und berechnen, wir beherrschen, so scheint es, auch die Gesetze der Natur. Der Traum vom Paradies ist einer maßlosen Geschäftigkeit gewichen, und irgendwann kommt dazu die Angst, doch nicht alles machen zu können, Angst vor der Zerbrechlichkeit der Welt.

„Es war sehr gut“

Über der Schöpfung, über jedem einzelnen Schöpfungstag steht, so erzählt die Bibel, das Wort: „Es war sehr gut“ (Gen 1, 31). Das heißt doch, alles Lebendige kommt aus der Lebenskraft Gottes. Dieser Gott, an den wir glauben, auf den wir auch in unserer so hoch technisierten Welt immer noch unser Vertrauen setzen dürfen, dieser Gott macht mit unserem Leben immer wieder einen guten Anfang. Es war sehr gut, und es ist sehr gut. Wir Menschen dürfen mitarbeiten an Gottes Schöpfung. Sie ist uns anvertraut, dass auch wir teilhaben an der Lebenskraft, die nicht machbar ist, die aber gerade deshalb zum Segen wird, weil sie einfach geschenkt ist.
Wir Menschen dürfen säen und ernten. Wir dürfen vertrauen, dass die Saat aufgeht, und wir dürfen die Ernte nutzen zu unserem Wohl, aber das Wachsen und Reifen steht nicht in menschlicher Verfügbarkeit. Das braucht Vertrauen, das braucht Geduld, die abwarten und aushalten kann, und das braucht Zeit.

Wir können nichts abwarten

In einer Zeit, in der vieles auf Knopfdruck funktioniert, in der es vieles fertig zu kaufen gibt, haben wir das Warten verlernt. Ungeduldig werden wir oft, wir meinen, auch das Wachsen und Reifen machen zu können. Wir wollen die schöpferische Kraft allein in unsere Hand nehmen. Auch das ist ein Ausdruck dafür, wie sehr das Vertrauen auf Gottes Wirken in unserer Welt verloren geht. Dennoch kann uns gerade ein Blick auf das Wachsen in der Natur, auf Feldern und Fluren deutlich machen, dass unser Leben in der Hand des Schöpfers steht, und dass es da einfach gut aufgehoben ist.

Wir können nur säen

Als Menschen haben wir teil an Gottes Schöpfungswerk. Wir können und dürfen säen, den Anfang machen. Gott macht auf seine Weise weiter. Und darauf dürfen wir uns verlassen. Das sagt Jesus sehr deutlich in der so ermutigenden und befreienden Bildgeschichte von der selbstwachsenden Saat (Mk 4, 26–29). Der Sämann sät aus und legt sich dann einfach schlafen. Er tut gar nichts, es wird Nacht, und es wird Tag, und es geht die Saat einfach auf. Gott hat seine Hand im Spiel, seine Kraft ist am Werk, gerade dann, wenn wir

Menschen weiter nichts machen können. Da, wo wir Menschen uns anmaßen, alles selbst zu machen, wird diese Welt verwundet, ja zerstört. Wir können nur säen, wir brauchen nur zu säen. Gott gibt alles dazu, was für uns Menschen gut ist.

Den Boden bereiten

Gutes Wachstum ist nur möglich auf einem guten Boden. Das ist wieder unsere Aufgabe, unser Mitarbeiten an Gottes Schöpfungswerk. Dahinter steht wieder unser Vertrauen, dass Gottes Kraft etwas bewirken kann, mehr als wir erhoffen, anderes als wir erwarten. Den Boden bereiten heißt auch, Gottes Segen erbitten. Wir legen damit alles Leben in seine Hand, und wir wissen, dort ist es gut. Mitarbeiten an Gottes Schöpfung heißt nicht beherrschen, sondern offen sein für das größere Geschenk Gottes.

Im Wachsen und Reifen Gottes Spur entdecken

Wenn wir wieder lernen, dem Wachsen und Reifen einfach zuzuschauen, dann können wir Gottes Spur, Gottes Segen immer wieder entdecken und dürfen uns seiner freuen. Wir können das Wachstum auf Feldern und Fluren nicht machen, wir können Regen, Sonne und Wind nicht beherrschen, und das ist gut so. Wir wissen aber auch, vieles, was Feldern und Fluren Schaden bringt, ist von Menschen verursacht und gemacht. Maßlosigkeit ist immer ein schlechter Ratgeber und Helfer, auch wenn es darum geht, die Schöpfung, die uns von Gott geschenkt ist, recht zu nutzen.

Gottes Segen – gegen die Maßlosigkeit des Menschen

Was immer wächst und reift auf Feldern und Fluren, das dürfen wir Menschen nutzen und gebrauchen für unser eigenes Leben, für unser eigenes Wohl. Wenn wir alles Wachsen und Reifen unter den Segen Gottes stellen, dann ist das auch ein deutliches Zeichen gegen die menschliche Maßlosigkeit. Was uns zugemessen ist, das gibt uns Gott aus seiner schöpferischen Kraft, und das ist sehr gut. Wir haben das Paradies verloren, wir wissen um die Verwundbarkeit dieser Welt und allen Lebens. Gerade deshalb dürfen wir den Segen Gottes erbitten, für Felder und Fluren, für alles Wachsen und Reifen.

Hans Würdinger

8. Kräutersegnung am Hochfest der Aufnahme Mariens in den Himmel

KRAFT FÜR SEELE UND LEIB

Texte: 1 Kor 15, 20–27; Lk 1, 39–56

Vorbemerkung: In der Gemeinde ist es guter Brauch, dass viele zum Festgottesdienst in der Pfarrkirche und am Abend in der Schlosskapelle, wo das Patrozinium mit anschließender Lichterprozession durch den Schlosspark gefeiert wird, einen Kräuterbuschen oder Blumenstrauß zur Segnung mitbringen.

Mit Maria „Ostern" riechen

Eine würzige, duftende Kirche ist das heute, eure vielen Blumen und Kräuter, Ähren und Sträucher und dazu die Kerzen und der Weihrauch, das Weihwasser und die festliche Musik – das muss ja ein toller Festtag sein heute mitten im August. Ich weiß noch aus meiner Kinder- und Jugendzeit, was wir da alles gesucht und gesammelt haben für den Kräuterbuschen: Mooskolben und Mais, Hafer, Weizen, Gerste und Roggen, Hopfen und Weinblätter, eine schöne stolze Königskerze, Hagebutten und Kamille, Schafgarbe und Johanniskraut und so einiges aus dem Garten der Mutter, ein großer Buschen, der dann nach der Segnung daheim im Haus und Hof aufgehoben wurde bis zum nächsten Himmelfahrtstag. Mit allen Sinnen können wir heute die blühende, reifende Schöpfung spüren und schmecken, riechen und fühlen, wie wenn Felder und Gärten heute in die Kirche kommen und gesegnet würden.

Der Hintergrund unseres Festes

431 war das Konzil in Ephesus, in der heutigen Türkei. Damit die Menschen die Botschaft dieses Konzils begreifen, hat *Papst Sixtus III.* die große Marienkirche von Rom, Santa Maria Maggiore, erbauen lassen. Ich schaue gern dieses Bild vorne an: die Mosaiken über dem Hochaltar schildern uns in Bildern die Geschichte Marias nach ihrem Tod. Die Apostel stehen trauernd um den Leichnam herum; für unsere menschlichen Augen unsichtbar vollzieht sich ein beglückendes Geschehen: Christus, der selber durch den Tod gegangen und auferstanden ist, hält auf dem Arm wie ein Kind die lebendige Seele seiner Mutter in Gestalt ihres Körpers. Darüber im Halbrund des Kirchengewölbes: In einem paradiesischen Garten voll Blumen und Kräutern über

den Sternen hat Jesus Maria zu sich genommen, auf eine Thronbank gesetzt und sie gekrönt.

Ein österliches Fest heute

In vielen Kirchen, vor allem in den meisten Benediktinerklöstern, wird heute dieses Glaubensgeheimnis gefeiert; wir kennen es aus dem Rosenkranz: „der dich, o Jungfrau, in den Himmel aufgenommen, der dich im Himmel gekrönt hat". Wie ein Lichtanker für uns, die wir alle um die Tatsache wissen: jeder Mensch muss sterben. So ist also der Leichenzug und das Begräbnis nicht das Letzte, selbst nicht für den Leib. Oft und oft ist dargestellt, wie die Apostel statt des Leichnams im Grab Blumen finden, meist hat Petrus eine wunderschöne, aufgeblühte Rose in der Hand. Übrigens wird drei Sonntage vor Ostern in Rom den Menschen die goldene Rose gezeigt am Sonntag Laetare, sozusagen als Vorfreude auf das Fest der Auferstehung.

Doch ein Kraut gegen den Tod?

Wir segnen die Heilkräuter mit ihrer Schönheit, ihrem Duft und ihrer Heilkraft aus Freude darüber, dass für uns Menschen seit dem Tod Jesu und Mariens doch ein ‚Kraut' gegen den Tod gewachsen ist. In dem Kräutersegen aus dem römischen-deutschen Pontifikalbuch vom 10. Jahrhundert heißt es: „Allherrschender Gott, für uns Menschen Urheber allen Heils und aller Gesundheit, du Arzt für Seele und Leib, in unerforschlicher Weisheit hast du deine Fülle von Pflanzen als heilwirkende Medizin für die Kranken geschaffen. Wir bitten dich: Erfülle diese Kräuter, die du geschaffen hast, mit deinem heilsamen Segen; und dem Kranken, der sie braucht, seien sie Arznei für den Leib und Kraft für die Seele, auf dass er dir Dank abstatte und alle Geister loben unseren Herrn Jesus Christus."
Immer mehr erkennen wir heute wieder, wie segensreich Heilkräuter wirken als sanfte Medizin; *Hildegard von Bingen* und viele andere machen uns aufmerksam auf alles, was von Heilkräutern ausgeht an Kraft für Seele und Leib. Zugleich erinnern uns Kräuter und Blumen an die Schönheit und den Reichtum göttlichen und menschlichen Lebens; sie geben uns einen Hinweis auf die geistige Gesundheit und das Heil, das durch Gott selber spürbar wird.

Leibliche Aufnahme Mariens in den Himmel

Das klingt – nicht nur heute – wie ein großes Bekenntnis zum Leib und damit zur Erde; zur Materie – und dieses Wort wiederum kommt vom Wort

Mutter her. Zugleich ein Bekenntnis zur Zukunft, also ein Fest der Hoffnung. So bringen wir heute unseren menschlichen Leib in Verbindung mit dem Himmel; der Leib in seiner Einzigartigkeit und Würde, auch in seiner Stärke und Schwäche, in seiner Geschaffenheit und Hinfälligkeit, in seinem Kommen und Gehen. Und das feiern wir heute in Maria, einer Frau, in der sich die Herrlichkeit Gottes für uns alle greifbar und sichtbar gezeigt hat; an ihr wird deutlich, wie Gott zu seiner Verheißung steht: Er erhöht die Niedrigen und stürzt die Mächtigen vom Thron; und – der selbst Fleisch geworden ist, einer von uns. So ist also der Himmel menschlich geworden und unser Leben in allem himmlisch. Das muss gefeiert werden.

Gott segnet unsere Kräuter und Blumen, weil er seine Erde liebt

Seit zehn Jahrhunderten bitten Menschen um Gottes Segen an diesem heutigen Tag; vielleicht ist dieses Datum ein altes syrisches Erntedankfest gewesen für die Weintrauben und Bäume; und das Fest der Aufnahme Mariens seit dem 5. Jahrhundert: Maria aufgenommen in den Himmel mit Leib und Seele; *Karl Rahner* sagt: „Das Fleisch ist schon gerettet; der Anfang ist schon gemacht: in einer Frau, in einem Menschen, der mit uns geweint, gelitten hat und mit uns gestorben ist.“ Darum lasst uns Gott danken mit einem einfachen Liedkanon, dessen Text in unserer Gemeinde entstanden ist:

Martin Thurner

9. Segnung der Erntegaben

EINSPRUCH GEGEN DEN MACHBARKEITSWAHN

Text: Lk 17, 11–19

Zielsatz: Ich möchte das Segensgebet über die Erntegaben aufschlüsseln als notwendigen Einspruch gegen den Machbarkeitswahn in der heutigen Lebensmittelproduktion.

Fraglicher Erntesegen

Segen über die Erntegaben. Mancher mag denken: „Das ist nun mal so – ein alter Brauch. Wer weiß, wofür's gut ist." Andere sagen: „An Gottes Segen ist alles gelegen."

Im Ernst: Sind die Erntegaben ein Thema für uns? Wir haben genug davon – das ganze Jahr über, aus allen möglichen Ländern. Wir sind mit so vielen Lebensmitteln gesegnet, dass wir manchmal nicht wissen, wohin damit. Lagerhaltung ist zu kostspielig. Export ist zu aufwendig. Auf den Markt bringen, verdirbt die Preise. Also bleibt nur die Vernichtung. Immerhin geben die Erntegaben – in unserer Kirche liebevoll dekoriert – ein festlich – buntes Bild ab. Da kommt Abwechslung ins Spiel. Wir können nur dankbar sein für das jahreszeitliche Brauchtum. Nach Säen, Wachsen und Reifen kommt die Ernte. Wenigstens ausschnitthaft zeigen wir, was wir haben und was wir alles kaufen können. Die Frage bleibt: Was soll der Segen über die Erntegaben?

Wer hat das Sagen?

Das Segensgebet gibt eine Richtung an. Wir wenden uns an Gott, rufen seinen Namen an und erbitten seinen Segen. Das heißt doch: Wir bleiben nicht bei uns selbst stehen. Wir sind nicht letzte Instanz. Wir bekennen: Mit unserem Leben und mit allem, was das Leben ausmacht, hat jemand zu tun, der weiterdenkt und weitersieht, als wir es vermögen. *Wir* leben im Fragment – ausschnitthaft, bruchstückhaft, endlich-begrenzt. *Er* hat mit dem Ganzen zu tun – mit dem unendlichen Lebensvorrat. Und Er hat seine Vorstellungen, wie wir mit den Lebens-Mitteln umgehen sollen, damit sie wirklich zum Segen werden. Wenn wir zu Beginn des Segensgebetes Gott anrufen, dann sagen wir auch, dass wir bereit sind, auf Ihn zu hören. – Das ist ja unser Problem: Wir haben die Sache mit den Lebensmitteln längst selbst in die Hand genommen. Wir wissen selbst, was gut für uns ist und wie das geht: schnelleres Wachstum, kräftige Farben, größere Maße, ansehnliches Äußeres, mehrmalige Ernten. Mit Hilfe von Chemie und Gentechnik ist alles möglich geworden – auf den Feldern und auch im

Stall. Die Folgen sind: Milchseen, Butterberge, genmanipuliertes Gemüse, Massentierhaltung. Spätestens die Skandale der letzten Zeit in der Lebensmittel-Branche haben den selbstherrlichen Umgang mit den landwirtschaftlichen Produkten gedämpft. Die Bereitschaft ist gewachsen, genauer hinzusehen, Zusammenhänge wahrzunehmen, die (Aus-)Wirkungen zu beobachten, insgesamt: die Eigengesetzlichkeit der Natur und Naturkreisläufe ernster zu nehmen. Anders gesagt: Die Chancen für eine neue Nachdenklichkeit stehen gut.

Von der Selbstherrlichkeit zur Einfühlung

Auf einmal bekommen die Worte des Segensgebetes einen ganz anderen Klang: Du hast dem Weltall eine Ordnung gegeben. Und: Du hast den Menschen dazu bestimmt, die Erde zu bebauen und ihren Reichtum recht zu nutzen. Damit kommen andere Maßstäbe in den Blick. Bisher galt die Devise: immer schneller, immer größer, immer mehr. Wir machen das schon. Was wir können, das tun wir auch. So wurden aus bäuerlichen Betrieben Agrar-Fabriken. Das Bebauen landwirtschaftlicher Flächen wandelte sich zur industriellen Produktion. Hauptsache, wir erreichen hohe Erträge bei geringen Kosten.
Umkehr tut not, Hinkehr zu einer menschenfreundlichen und umweltverträglichen Landwirtschaft und Tierhaltung. Eine andere Grundhaltung ist gefragt: Von der Selbstherrlichkeit und Autonomie zur Empfindsamkeit und Einfühlung. Es liegt kein Segen darin, wenn der Mensch diese Welt für absolut verfügbar und sich selbst für völlig unabhängig hält. Es mag sein, dass der eigensinnig-selbstbezogene Mensch, wie ihn die Neuzeit hervorgebracht hat, tüchtig und erfolgreich ist. Es mag sein, dass er grandiose Dinge erfindet und sich eine ganz neue Welt aufbaut. Aber mit all seinem Schaffen und Wirken spielt er schließlich den tödlichen Kräften in die Hände. Er verwechselt artgerechtes Wachstum mit unendlicher Vervielfältigung. Verantwortlicher Umgang mit den Gaben der Natur ist das nicht. Verantwortung hat zu tun mit dem Nachspüren des geheimen Bauplans der Natur, mit der Offenheit für die größeren Zusammenhänge und Kreisläufe – auch mit den Grenzen unserer Möglichkeiten. Verantwortliche Haushalterschaft ist bereit, auf die Stimme dessen zu hören, der Himmel und Erde erschaffen hat.

Zur Umkehr herausgefordert

Wenn ich Umkehr sage, dann geht das uns alle an. Die in der Landwirtschaft Tätigen sind aufgerufen, sich für eine umweltverträgliche Felderwirtschaft stark zu machen. Wir als Verbraucher sind herausgefordert, unsere Essgewohnheiten umzustellen. Es muss nicht jeden Tag Fleisch auf den Tisch

kommen. Nicht zuletzt gehört die Bereitschaft dazu, für naturnah angebaute Lebensmittel einen höheren Preis zu zahlen. Die in der Politik Verantwortlichen haben die Aufgabe, die gesetzlichen Grundlagen für einen landwirtschaftlichen Umbau zu erarbeiten. Sie müssen konkrete Schritte zu einer menschen- und umweltverträglichen Lebensmittelproduktion ermöglichen.
Die Chancen für eine Wende sind gewachsen. Denn für viele ist mittlerweile überdeutlich geworden: Wenn es so weitergeht, geht es irgendwann nicht mehr weiter. Wir sind durch alle möglichen Skandale aufgeschreckt und in unsere Grenzen verwiesen worden. Der Machbarkeitswahn hat Risse bekommen. Die Zeichen der Zeit weisen in eine Richtung, die den Schöpfer mit seinem Bauplan wieder mehr zum Zuge kommen lässt. Gar nicht so dumm, nicht nur auf die eigene Stimme zu hören. Deshalb wenden wir uns an *Ihn* und bitten *Ihn* um *Seinen Segen* für die Erntegaben dieses Jahres.

Heribert Zerkowski

10. Segnung der Gräber an Allerheiligen/Allerseelen

WER HAT DAS LETZTE WORT?

Texte: Jes 25, 6–9; Mt 25, 31–40

Zielsatz: Den Teilnehmern an der Gräbersegnung soll die mitgebrachte Hoffnung gestärkt und vertieft werden.

„Es darf keine Erinnerung geben!“

Nach dem Attentat auf *Adolf Hitler* am 20. Juli 1944 war der Hass der Nationalsozialisten auf alle Gegner, die sie verhaften und hinrichten konnten, im wahrsten Sinne des Wortes grenzenlos. Der Vernichtungswille ging über den Tod hinaus. Auf Veranlassung Hitlers gab der Reichsführer SS *Heinrich Himmler* den Befehl, die Leichen der Erschlagenen und Gehängten zu verbrennen. Ihre Asche musste auf die Rieselfelder bei Berlin oder in alle Winde zerstreut werden: „Wir wollen von diesen Leuten nicht die geringste Erinnerung in irgendeinem Grabe oder an einer sonstigen Stätte haben.“

Erinnerung wird zur Hoffnung

Wir stehen hier bei den Gräbern unserer Lieben. Wir bezeugen damit, dass Erinnerung nicht ausgelöscht werden kann. Die Leiber unserer Toten zerfallen zwar im Lauf der Jahre zu Staub und Asche. Aber eine gemeinsame Hoffnung hat uns hier zusammengeführt. Vielleicht formulieren wir diese Hoffnung unterschiedlich. Aber sie drückt aus: Über diese Gräber, über diese Toten ist das letzte Wort noch nicht gesprochen.

Letzte Worte

Das Wort der Nationalsozialisten über die Widerstandskämpfer war nicht das letzte Wort. Es erwies sich als Aberwitz sondergleichen und als Beleg ihrer Untaten. Aber auch wir können nicht und brauchen nicht das letzte Wort zu sprechen. Das letzte Wort über unsere Toten kann überhaupt nicht von Menschen gesprochen werden, obwohl manchmal die Rede ist von der „letzten Ehre", die man den Toten erweist oder von „letzten Worten", die am Grab geäußert werden oder von einem „letzten Gruß", den ein Blumenstrauß oder ein Kranz ausdrücken soll.

Besinnung auf das Wesentliche

Wir sind versammelt an den Gräbern und Urnen unserer Lieben. Wir stehen hier auch stellvertretend für die, die scheinbar vergessen sind. Wir wollen damit sagen, dass die Toten in unserer Erinnerung lebendig bleiben. Wir sind hier, um uns zu erinnern und um uns erinnern zu lassen. Trotz der Sorgen des Alltags, trotz der faszinierenden Nahziele unseres Lebens, trotz unserer Kunst, Unangenehmes oder Trauriges zu verdrängen, wird hier deutlich, dass auch noch etwas anderes gilt: „Memento homo!" – Mensch, denk an deinen Tod und denk an deine Toten! Besinne dich auf das, was unbedingt bleiben soll. So vieles ist vergänglich. So vieles hält der Realität nicht stand, die uns gerade auf unseren Friedhöfen umfängt. An was kann ich mich wirklich halten? Was darf ich hoffen? Wer kann angesichts des Todes eine Garantie auf das Leben geben?

Das Segenswort

Hier ist auch der Ort, um ein Wort des Segens zu sagen. Segnen heißt im Lateinischen „benedicere", das heißt: gut sprechen über jemanden, ihm alles Gute wünschen, ihn dem Herrgott empfehlen, der das Gute, das wir wünschen, auch bewirken kann.
Wenn wir die Gräber segnen, wollen wir damit ausdrücken, dass hier ein Ort sein soll, an dem alles dem Herrn geweiht ist. Alles und alle sollen in die Sphäre des Segens geraten. Hader und Zwist sollen nicht mehr gelten, hässliche

Geschichten sollen erledigt sein. Stattdessen sollen Bitten der Vergebung da sein, dankbares Gedenken, getröstete Zuversicht, Hoffnung auf das Wiedersehen, Liebe, die stärker ist als der Tod.

„Die da unten"

Als im Jahre 2000 das russische U-Boot Kursk im Eismeer mit so vielen Seeleuten unterging, ohne dass man die Toten bergen konnte, kam mit vielen anderen ein einfacher Mann in den Hafen von Murmansk. Er drückte aus, was überall wahr wird, wo Menschen ihre Toten segnen und ehren: „Ich bin gekommen, um Kerzen anzuzünden, damit die da unten ihre Ruhe finden."

Der Tod hat verloren

Die Zeichen der Zuversicht, die wir mit unserem Hiersein, mit unseren manchmal durcheinander wirbelnden Gedanken, mit unseren Segenswünschen, mit unseren angezündeten Kerzen, mit unseren Blumengrüßen, mit unseren Gebeten und Liedern setzen, weisen schließlich über die Gräber hinaus auf den, über dessen Grab ein schwerer Stein gerollt war. Der konnte ihn aber nicht im Grabe halten. In Jesus Christus und in seinem aufgesprengten Grab werden alle Gräber dieser Welt aufgesprengt werden. Im Innersten der Erde, in den Fesseln der Unterwelt, im Rachen des Todes hat sich schon unbesieglich das Leben eingenistet. Der Tod kann seine Beute, unsere Toten nämlich und uns sterbliche Menschen allesamt, nicht festhalten. Der Tod hat genauso wenig das letzte Wort wie die Menschen das letzte Wort haben. Es gibt einen Stärkeren, dem allein das letzte Wort zusteht, Jesus Christus. An ihn können wir uns halten im Leben und im Sterben.

Das erlösende Wort

Wenn wir den Segen über die Gräber und über unsere Toten sprechen, spricht er, Jesus der Lebendige, schon mit. Er hat keinen Vernichtungswillen. Er will nicht den Tod des Sünders. Wir dürfen zuversichtlich hoffen, dass er in seiner barmherzigen Güte das letzte Wort haben wird, und dass es sein erlösendes Wort nie vergehender Liebe sein wird: „Kommt, Ihr Gesegneten meines Vaters, nehmt das Reich in Besitz, das seit Erschaffung der Welt für Euch bestimmt ist" (Mt 25, 34).

Vitus Seibel

Segnungen bei besonderen Anlässen

1. Segnung der Schulanfänger

GOTTES GUTE WÜNSCHE

Situation: Segnung der Schulanfänger, von denen viele kirchenfremd sind, in der Kirche unmittelbar vor der Einschulung. Die Predigt setzt keinen biblischen Text voraus; dennoch wäre denkbar: Num 6, 22–27; Mk 10, 13–16.

Zielsatz: Die Predigt will den Schulanfängern für ihren neuen Lebensabschnitt Mut machen.

Ein ganz besonderer Tag

Heute ist ein ganz besonderer Tag. Euer erster Schultag. Bestimmt habt ihr alle eine große Schultüte. Haltet sie einmal hoch! Und eine Schultasche habt ihr auch schon mit Stiften drin und vielleicht auch schon mit einem Schulheft.
Es geht also in die Schule. Aber hier ist gar nicht die Schule. Hier ist die Kirche. Hier arbeiten keine Lehrerinnen und keine Lehrer, hier gibt es einen Pfarrer.
In der Schule werdet ihr etwas lernen, Lesen und Rechnen zum Beispiel. Aber was geschieht jetzt in der Kirche?

Gott spricht zu uns

Ich will es euch verraten: In der Kirche gibt es etwas zu hören. „Na", werdet ihr sagen, „das gibt es doch auch sonst. Wenn unsere Mutter uns etwas erzählt, oder auch, wenn sie schimpft und sagt: ‚Nun hör doch endlich mal zu!' Manch-

mal passiert das ja. Oder wenn unsere Freunde uns erzählen, wohin sie im Sommer verreist waren, da gibt es auch etwas zu hören."
Da habt ihr natürlich Recht. Etwas zu hören, das gibt es auch sonst. Aber in der Kirche gibt es etwas ganz Besonderes zu hören. Es gibt etwas von Gott zu hören.

Gott sagt uns gute Wünsche

„Und was", werdet ihr fragen, „gibt es hier von Gott zu hören?" Auch das will ich euch verraten: Gott sagt euch gute Wünsche.
Gute Wünsche habt ihr bestimmt auch selber: dass es euch gefällt in der Schule, dass ihr neue Freundinnen oder Freunde kennen lernt, dass ihr eine nette Lehrerin oder einen netten Lehrer bekommt.
Aber es ist schöner, wenn jemand anderes mir einen guten Wunsch sagt. Dann weiß ich: Er denkt an mich, er möchte, dass es mir gut geht. Wenn eure Mutter abends sagt: „Schlaf gut! Ich wünsche dir einen schönen Traum", dann könnt ihr euch so richtig zufrieden in eure Decke kuscheln.
Wie schön, dass auch Gott euch gute Wünsche sagt. Dann könnt ihr wissen: Sogar Gott denkt an mich, und er will, dass es mir gut geht.

Gute Wünsche machen Mut

Manchmal braucht man gute Wünsche ganz besonders. Wenn man aufgeregt ist zum Beispiel, und wenn man nicht weiß, wie es werden wird. Dann ist es besonders wichtig zu wissen: Da ist jemand, der denkt an mich. Ich bin nicht allein.
Ob ihr heute aufgeregt seid? Ich glaube schon. Das erste Mal in die Schule zu gehen, ist ja ziemlich spannend. Und vielleicht hat euch sogar schon jemand einen guten Wunsch für den ersten Schultag gesagt. Vielleicht haben eure Eltern heute morgen schon gesagt: „Wir wünschen dir, dass das ein ganz toller Tag wird." Und da habt ihr gemerkt: Jetzt krieg ich ganz viel Mut und bin auch schon ein bisschen weniger aufgeregt.

Gott macht euch Mut

Auch Gott will euch Mut machen. Er will euch sagen: „Auch wenn ihr aufgeregt seid und vielleicht ein bisschen Angst vor der Schule habt, das ist gar nicht so schlimm. Ich denke an euch. Ich wünsche euch, dass euer erster Schultag ein ganz toller Tag wird." Und wenn Gott das sagt, dann wird es ganz bestimmt auch so werden.

Ich segne euch im Namen Gottes

Deshalb lade ich euch jetzt alle ein, hier nach vorne zu mir zu kommen. Dann gehe ich zu jedem von euch hin. Ich lege euch meine Hand auf die Schulter oder auf den Kopf und mache euch ein Kreuzzeichen auf die Stirn. Dann sage ich euch von Gott: „Ich wünsche dir im Namen Gottes einen schönen ersten Schultag. Es segne dich der gute Gott." Ich segne euch – so nennt man das, wenn Gott uns gute Wünsche sagt.

Ein Wort an die Eltern

Vielleicht, liebe Eltern, sind nicht nur Ihre Kinder, sondern auch Sie selbst heute etwas aufgeregt. Auch für Sie ändert sich ja etwas, wenn Ihr Kind nun in die Schule geht. Gewiss tut auch Ihnen der Wunsch Gottes gut, dass Sie nun gute Eltern von Schulkindern sein mögen. Deshalb werde ich am Ende dieser Feier den Segen über Sie alle sprechen. Und es ist schön für Sie zu wissen, dass Ihre Kinder mit dem Segen Gottes in die Schule gehen. Diesen Segen möchte ich nun Ihren Kindern spenden.

Werner Schreer

2. Krankensegnung

DIE LIEBE KOMMT AN

Kasus und Situation: In München gibt es jeden Monat einen „Aidsgottesdienst", der von Aidskranken und HIV-Infizierten, aber auch von einer Solidargemeinschaft besucht wird.

Ziel: Ausgehend von der Lesung möchte die Predigt ermutigen, das Lebensmaß des „Wettlaufs" zu ersetzen durch das Maß der Liebe.

Texte: 1 Kor 13, 4–13; Lk 22, 34–30

Das Leben: ein Wettlauf?

Sie geht zu schnell. Sie geht zu langsam. Die Zeit …
Zu früh, zu spät, zu jung, zu alt. Immer ein Wettlauf mit Siegern und Verlierern. Bis zuletzt. Er/sie hat den Wettlauf mit dem Tod verloren/gewonnen – sagen wir manchmal. Und: Die Zuspätgekommenen bestraft das Leben.
Spieglein, Spieglein an der Wand, wer ist die Schönste (der Schönste) im ganzen

Land …? Als Märchensatz unserer Kindertage haben wir diese Zeile wohl alle schon einmal gehört.

Im Märchen von Schneewittchen ist es ein erbarmungsloser Spiegel des aneinander Maßnehmens: die nackte Wahrheit spricht der Spiegel aus gegenüber der Königin, die wissen will, ob sie die Schönste sei. Seine Antwort folgt einer inneren Logik: sie ist so erbarmungslos wie die Frage, die ihm gestellt wird: Du hast verloren.

Jeder Wettlauf braucht seinen Verlierer

Bin ich der Beste, Erfolgreichste, Schönste, Jüngste …?

Oder: „Alt bis du geworden", sagen wir, oder: „Wie schaust du denn aus?" – mit der heimlichen Freude, dass wir so eben nicht aussehen. Auch der Satz: Man muss sich einmal ein Pflegeheim anschauen, um wieder dankbar zu sein", gehört zu solch erbarmungslosen Sätzen, die einen Verlierer brauchen. Der Gewinner ist auf meiner Seite. Den Preis zahlen die anderen.

Ein anderer Maßstab

Der Text aus dem 1. Korintherbrief bietet uns einen anderen Spiegel an: Es ist nicht der Spiegel des Wettlaufs und der Konkurrenz, nicht ein Spiegel, der sich befragen lässt, wer denn nun der (die) „Erste" sei.

Der uns angebotene Spiegel der Christen des Anfangs spricht von einer Wirklichkeit, die nicht festhalten will, die nicht im Bewerten festmacht.

Ich – ein Rätsel

Jetzt schauen wir in einen Spiegel und sehen nur rätselhafte Umrisse (1 Kor 13, 12 a).

Ich selbst ein Rätsel – mir und anderen: Was ist los, was ist los mit mir, was ist los mit den anderen?: rätselhafte Umrisse. „Ich umreiße es nicht", sagen wir dann manchmal. Und es ist gut so. Etwas umreißen wollen, heißt etwas verfügbar machen. Durch unser Bewerten und Entwerten.

Im Nebel zu wandern: Es kostet Mühe und erfordert Mut.

Dort wo Sprache versagt, entsteht oft Angst.

Wenn wir uns dem Rätsel des Lebens mit seinen oft dunklen Fragen hingeben – es ist ein langer Weg, kein schnelles Haben –, dann geht der Blick tiefer, und das Rätsel löst sich auf – nicht durch eine Antwort, sondern durch einen neuen Blick.

Der Blick der Liebe

Jetzt schauen wir in einen Spiegel und sehen nur rätselhafte Umrisse, dann aber schauen wir von Angesicht zu Angesicht (1 Kor 13, 12a–12b).

Es ist direkte Schau, ganz nahes Erkennen, der Sprache und der Bestätigung entzogen, nicht mehr unserem Verfügen preisgegeben. „*Wie wir auch alles in der Nacht benannten: nicht unser Name macht die Dinge groß.*" So beschreibt *Rainer M. Rilke* solche Erkenntnis.
Schau von Angesicht zu Angesicht: das ist Mitte von Religion. Es ist ein Erkennen der Liebe, des Vertrauens und der Hoffnung. So sagt Paulus. Vor allem: der Liebe. „*Die Liebe hört niemals auf*" *(1 Kor 13, 14).*

Von Angesicht zu Angesicht: Manches, was uns umgibt, wird sich als Kulisse zu erkennen geben und verblassen. Und zugleich werden wir erkennen und erkannt sein.

Nicht bewertet,
nicht entwertet,
geliebt.
Erkannt in unserem Herzen.
Wer solches erfährt, ist gesegnet.

Liebe kommt an

Das Herz sucht nicht die Stoppuhr – Abfahrt und Ankunft. Es läuft auf eigenem Fuß die Straße der Liebe – jenseits des Kampfes, in der barmherzigen Geschwindigkeit des eigenen Herzens, eigenfüßiges Unterwegssein ohne die Frage, wer denn nun der „Erste" sei.
Sie, die Kranken und Geschwächten, die Sie sich heute mit Ihren Freunden und Freundinnen unter den Segen Gottes stellen – „von Angesicht zu Angesicht" – werden verstehen, was gemeint ist.
Der Spiegel des Wettlaufs ist nicht Ihr Spiegel.
Lasst uns miteinander in den Spiegel Gottes schauen und das Rätsel der Liebe spüren. Lasst uns einander in die Augen schauen – von Angesicht zu Angesicht – ohne oben und ohne unten. Dann gibt es auch nicht mehr Kranke und Gesunde.
Wer so aufbricht, kommt an, weil jeder Schritt Ankunft ist. Ankunft ohne zu früh und ohne zu spät. Lasst uns mit jedem Schritt das Leben unterschreiben, mit jedem Schritt besiegeln, was mein Leben und seinen Wandel und sein Geheimnis ausmacht.
Liebe kommt an.

Thomas Schwaiger

3. Primizsegen

DEN HIMMEL OFFEN HALTEN

Situation: Nachmittagsandacht mit Primizsegen/Einzelsegen. Kurzansprache eines Freundes des Primizianten zum Thema Primizsegen.

Text: Gen 12, 1–4. »Der Herr sprach zu Abraham: Zieh weg aus deinem Land, von deiner Verwandtschaft und aus deinem Vaterhaus in das Land, das ich dir zeigen werde. Ich werde dich zu einem großen Volk machen, dich segnen und deinen Namen groß machen. Ein Segen sollst du sein. Ich will segnen, die dich segnen; wer dich verwünscht, den will ich verfluchten. Durch dich sollen alle Geschlechter der Erde Segen erlangen.«

Den Himmel offen halten

Auf einer Absperrwand im Frankfurter Flughafengebäude war vor kurzem folgender Slogan zu lesen: „Damit für Sie der Himmel offen bleibt, haben wir auf Erden viel zu tun: Ihre Lufthansa.“ Dieser einprägsame Slogan passt nicht nur gut zur Lufthansa, er könnte auch auf die Kirche, auf Gottes Bodenpersonal übertragen werden: „Damit für Sie der Himmel offen bleibt, haben wir auf Erden viel zu tun.“

Wenn wir das vielfältige ehrenamtliche Engagement in unseren Gemeinden anschauen, dann wird deutlich, wie viele sich dafür einsetzen, damit auch in unserer Zeit der Himmel offen bleibt: Ich denke da z. B. an die Arbeit der Tischmütter bei der Erstkommunionvorbereitung oder an den Einsatz der Frauen, die regelmäßig bei den Seniorennachmittagen mithelfen. Auch die offene Gruppe des Taizegebetes, unsere Pfadfinder mit ihrem Engagement für die Jugend und viele andere Gruppierungen veranschaulichen uns, wie viele sich in unseren Gemeinden auf unterschiedlichste Weise dafür einsetzen, dass Menschen einen Zugang zum Glauben finden, dass der Himmel offen bleibt.

„Damit für Sie der Himmel offen bleibt, haben wir auf Erden viel zu tun.“

Ein Segen sollst Du sein

Lieber Primiziant XY, inmitten dieser vielfältigen Dienste ist es nun deine Aufgabe, als Priester mitzuwirken, dass Menschen einen Zugang zu Gott finden, dass für die Menschen, die dir anvertraut sind, der Himmel offen bleibt.

Dabei mag dir die Zusage Gottes an Abraham eine Hilfe sein, die wir eben in der Lesung gehört haben. „Ein Segen sollst du sein." Mit diesen Worten stärkt Gott Abraham für seinen Aufbruch, für seinen neuen Weg. Ein Segen sollst auch du sein, lieber XY, ein Segen, damit für viele der Himmel offen bleibt. Immer wieder sollst du den Menschen zusagen: „Gott meint es gut mit dir." Ja, „benedicere – segnen", wörtlich übersetzt „Gutes zusagen" ist deine Aufgabe und das auf unterschiedlichste Weise, indem du z. B. den Kindern im Religionsunterricht vor Augen führst, wie gut es Gott mit uns Menschen meint, dass er uns liebt, wie ein Vater, oder indem du dem Jugendlichen, der in einer Identitätskrise steckt, hilfst, seinen Weg zu finden. Ein Segen sollst du sein für die Brautpaare, indem du ihre Zukunft unter den Schutz Gottes stellst, ein Segen sollst du sein für deine Gemeinde, indem du immer wieder neu in der Sonntagspredigt die Menschenliebe Gottes zu uns Menschen verkündest. Ein Segen sollst du sein sowohl am Kranken- und Totenbett als auch bei den Festen und Feiern, ein Segen sollst du sein in schweren und in schönen Stunden.

Füreinander und Miteinander ein Segen sein

Lieber XY, die Kirche ist voll. Viele wollen gesegnet werden, sie wollen von dir für ihr Leben „Gutes zugesagt" bekommen. Sie stehen für die vielen Menschen, für die du ein Leben lang ein Segen sein sollst. Ohne Frage: Auf dich wartet viel Arbeit. Doch wir, die wir heute mit dir diesen neuen Wegabschnitt beginnen, wir wollen dir zeigen, dass du nicht allein unterwegs bist, dass wir gemeinsam den Weg des Glaubens gehen: Erstkommunionmütter, Pfadfinder, Sänger, Ministranten, Beter, Pfarrgemeinderäte und viele andere mehr.

Füreinander und miteinander sollen wir ein Segen sein. Dadurch wird der eingangs genannte Slogan der Lufthansa für uns alle zum verbindenden Programm: „Damit der Himmel offen bleibt, haben wir auf Erden viel zu tun."

Johannes Claudius Eckert

4. Goldene Hochzeit

ALLES FÜGT SICH UND ERFÜLLT SICH

Situation: Goldene Hochzeit eines Landwirtsehepaares mit 4 Söhnen, 1 Tochter und nunmehr 15 Enkelkindern.

Text: Gedicht von *Christian Morgenstern*

Liebes Jubelpaar,

was für eine schöne Anrede! Ihr feiert heute ein Jubiläum – eure Goldene Hochzeit. Fünfzig Jahre seid ihr miteinander durch die Höhen und Tiefen des Lebens gegangen.

> *„Alles fügt sich und erfüllt sich, musst es nur erwarten können*
> *und dem Werden deines Glückes Jahr und Felder reichlich gönnen.“*

Dieses Wort von *Christian Morgenstern* möchte ich heute an eurem Jubelfest in euer Ohr und in euer Herz legen und es mit euch und mit allen, die sich mit euch freuen und heute mit euch feiern, bedenken.
Es ist das Wort eines Menschen, der mit 43 Jahren gestorben ist und seit seinem 22. Lebensjahr gegen seine schwere Krankheit angekämpft hat.

> *„Alles fügt sich und erfüllt sich, musst es nur erwarten können*
> *und dem Werden deines Glückes Jahr und Felder reichlich gönnen.“*

Zusammengehören

„Alles fügt sich und erfüllt sich …“

Ihr beide wusstet schon ganz früh: Wir gehören zusammen; wir ergänzen uns! Zunächst kam dann der Krieg dazwischen, und Heinrich, du hast Schlimmes und Schreckliches gesehen. Du gerietest in russische Gefangenschaft. Doch es kam für dich der Tag der Heimkehr. Viele Soldaten sind gefallen, doch du kamst in die Heimat zurück und ihr konntet einander das Jawort vor dem Altar geben und euren gemeinsamen Weg mit Gottes Segen beginnen.
Und in den 50 Jahren hat es sich wieder und wieder als gültig erwiesen, dieses: Wir gehören zusammen – wir ergänzen einander.

> *„Alles fügt sich und erfüllt sich, musst es nur erwarten können …“*

Morgenstern meint damit kein tatenloses Abwarten, denn er fährt fort:

> *„… und dem Werden deines Glückes/Jahr und Felder reichlich gönnen.“*

Wachsen lassen

Man sieht förmlich die Aktivität des Landmannes, der sein Feld bestellt und doch weiß, das Wachsen braucht seine Zeit. Ja, er kann wohl das Seine dazu beitragen, aber wie es wird, ob alles gedeiht und in welcher Weise, das liegt in Gottes Hand.
Geduld und Vertrauen sind da nötig. Beides habt ihr in eurem Leben, auf eurem gemeinsamen Weg immer wieder bewiesen. Die Ringe, die ihr heute tragt, sind nicht mehr die ursprünglichen, die ihr einander bei der Hochzeit an den Finger gesteckt habt. Ihr musstet die alten Ringe durch neue ersetzen – sie waren abgenutzt. Warum waren sie so abgenutzt? Weil ihr beide in den vielen Jahren eurer Ehe die Hände nicht in den Schoß gelegt habt, sondern ihr habt zugepackt, alle beide. Gemeinsam habt ihr den Hof bestellt und für eure Kinder gesorgt. Es ist eine Leistung, fünf Kinder zu ernähren und zu erziehen.

Blick in das Familienalbum

In eurem Familienalbum, das ich mir anschauen durfte, ist mir ein Foto aufgefallen; es zeigt eines eurer Kinder, als es noch klein war. Das Kind trägt lange Strümpfe, wie sie damals üblich waren, es steht auf der Mauer vor eurer Hofeinfahrt, und es hat die Finger der einen Hand am Mund, als wollte es fragen: Soll ich springen? Ihr habt eure Kinder ermutigt zu springen, zum Leben ermutigt. Und heute sind es eure zahlreichen Enkelkinder, denen ihr so manches ermunternde Wort mit auf den Weg gebt. Auch sie dürfen lebendig spüren, wie lieb ihr sie habt und dass ihr euch freut, dass sie da sind.

Mut zum Leben

Mut zum Leben, den habt ihr selbst immer wieder bewiesen, aus einem tiefen Gottvertrauen heraus. Mut und Geduld. Ihr habt Zeit gehabt und einander Zeit geschenkt, großzügig. Der unsichtbare Wurzelgrund für das Gedeihenlassen mit Geduld war euer Glaube an Gott und an seine Nähe.

> „*Alles fügt sich und erfüllt sich, musst es nur erwarten können*
> *und dem Werden deines Glückes Jahr und Felder reichlich gönnen.*“

Heute schaut ihr dankbar zurück auf 50 reiche, wenn auch manchmal nicht ganz leichte Jahre. Mit euch feiert eure große Familie, die euch viel zu verdanken hat. Und zugleich legt ihr beide heute erneut euren weiteren gemeinsamen Weg vertrauensvoll in die Hände Gottes, der euch behütet und leitet. Seinen Segen wollen wir nun auf euch und auch auf alle eure Lieben herabrufen.

Josef Schulte

5. Reisesegen

GÖNNE DICH DIR SELBST UND TRAU GOTT ETWAS ZU

Kasus und Situation: Ein Reisesegen ist aus vielen Anlässen möglich. Der hier vorbereitete Predigttext bezieht sich auf die im Benediktionale vorgegebene Schriftstelle Mk 6, 30–32 und nimmt jene Gruppen in den Blick, die sich gemeinsam aufmachen, um in der bevorstehenden freien Zeit Erholung und Entspannung von der Mühsal des Alltags zu suchen.

Text: Mk 6, 30–32

Abschalten

Ich habe einen Freund, der vor jedem beginnenden Urlaub einen Ritus pflegt: Er nimmt seine Armbanduhr und legt sie für die kommende Zeit der freien Wochen zur Seite. Das ist Urlaub: nicht mehr die Zeit bestimmt über mich, weil sie knapp bemessen ist, sondern ich darf jetzt die Zeit auskosten, ganz für mich gestalten.
„Abschalten!", sagen einige dazu. All das soll jetzt zum Stillstand kommen, was mich üblicherweise ständig antreibt und kurzatmig macht. „Durchatmen!", wünschen sich viele für den Urlaub. Einmal all das tun dürfen, was mich „auftanken" lässt und mir neuen Atem verleiht. Damit das gelingt, muss man schon mal die Uhr zur Seite legen.

Gestresste Jünger

Die beiden Zeilen aus dem Markusevangelium rufen ins Gedächtnis: Die Sehnsucht nach Ruhe und freier Zeit ist nicht nur ein Wunschdenken postmoderner Menschen. Auch die Jünger erleben sich ohne Atem, stets in Anspruch genommen, ohne Zeit, um richtig zu essen und zu schlafen. Sie sind wie ausgebrannt. Den Erwartungshaltungen der Menschen, die zu ihnen kommen, zu entsprechen bewirkt Dauerstress.

„Kommt mit an einen einsamen Ort, wo wir allein sind und ruht ein wenig aus!" (6, 31)

Das hört sich schnell an wie: „Streckt mal alle Viere von euch!" „Macht mal Pause!" „Have a break!" „Schaltet einfach mal ab!" „Wenn ihr fortwährend schuftet, habt ihr auch ein Recht auf Ruhe, Ausspannen, Urlaub, Freizeit!"

Ausruhen, weil Gott sich wie ein Hirte sorgt

Allerdings, dieser Ton ist der biblischen Botschaft fremd. Ich schaue genau hin und nehme noch einen kleinen Vers hinzu, der, nur wenige Zeilen nach dem unsrigen, im Markusevangelium steht. Er erschließt, wie Jesus es meint, wenn er von Ruhe und Ausspannen redet.

„Er hatte Mitleid mit ihnen, denn sie waren wie Schafe, die keinen Hirten haben!" (6, 34)

Diese Worte legen einen anderen Akzent in die Rede Jesu. Er, der ganz von Gott her denkt und handelt, nimmt zuallererst die Unrast der Menschen, ihre Hilflosigkeit, ihr Leiden an einem unerfüllten Leben wahr, sieht ihren Hunger nach Sinn und Erfüllung.
So wird Jesus zum Zeichen für den Gott, der die nicht gestillten Sehnsüchte der Menschen kennt und der darum eingreift und sammelt. Gott ist der gute Hirte, der die Leiden seines Volkes sieht (Ex 3, 7).
Ein Hirte ist nicht passiv, sondern aktiv. Er ist aufmerksam, hat seine Herde im Blick. Wie ein guter Hirte losgeht, um das Zerstreute zu sammeln, so geht Gott uns Menschen nach, um uns aus der zerstreuenden Wirkung einer überreizten Hektik zurückzuholen, dorthin, wo wir wieder Mensch werden.
Wie geschieht das?

Unterbrechung

Immer wieder wenn Jesus auf Menschen trifft und sie in eine Begegnung hineinzieht, wird die Zeit unterbrochen. Bei Zachäus hält Jesus an und hat Zeit für einen Besuch in seinem Haus. Bei der Heilung der Tochter des Jairus bedrängen die Leute Jesus, er möge sich beeilen, aber er nimmt sich entgegen aller Vernunft viel Zeit, sodass die Angehörigen ihm schon entgegenlaufen und vorwerfen, er habe die rechte Zeit verpasst. Das Gegenteil ist der Fall.
Es lassen sich viele Beispiele finden, in denen Jesus den normalen Trott der Leute unterbricht, indem er ihnen unerwartet oder auf Anfrage Zeit schenkt.
Ein Theologe unserer Zeit hat einmal gesagt: „Ein anderes Wort für Religion heißt: Unterbrechung!" Religion ist überall dort, wo Menschen Gott wahrnehmen, ihn suchen, nach ihm fragen. Dafür braucht es Unterbrechung der Zeit. Bei Jesus geschieht diese Unterbrechung, damit Menschen Gott neu mit seinem Handeln ins Auge fassen können. Er durchbricht den immer wiederkehrenden Kreislauf von Pflicht und Erfüllung, um Zeit zu schaffen, für die Erfahrung, dass Gott da ist.

Wenn du Gott etwas zutraust, musst du nicht alles selbst tun

Jetzt klingt die Aufforderung an die Jünger, „Ruht euch ein wenig aus!“, noch einmal ganz anders.
Sie lässt sich nicht verstehen als nur eine freizeitpädagogische Maßnahme zur Regeneration. Es ist eine Aufforderung zum Glauben. Der Jünger in der Nachfolge Jesu muss nicht mit allem fertig werden. Der Dienst am Reiche Gottes, die Sorge um die Menschen, darf nicht gefangennehmen. Wer alles getan hat, was in seinen Kräften und Möglichkeiten steht, darf glauben, dass Gott als der Hirte den Rest dazutut. Und wer in der Nachfolge Jesu in allem Einsatz für das Leben Fehler macht, mit der eigenen Brüchigkeit und der der anderen konfrontiert wurde, ist eingeladen, auf den Gott zu setzen, der zurückholt und tröstet, wie ein guter Hirte. Anhaltende Geschäftigkeit, fortwährender Einsatz, perfektionistische Akribie, ununterbrochener Fleiß können schnell Ausdruck des Unglaubens dafür werden, dass wir Gott nichts mehr zutrauen.
Wer glaubt, dass Gott als der gute Hirte lebendig hinter uns Menschen steht, tut alles, um diesen Gott zum Zuge zu bringen, gleichzeitig kennt er eine Gelassenheit, das immer bei uns Unfertige in seine Hände zu legen. „Ruht aus!“ bedeutet dann: „Traut jetzt Gott etwas zu!”

Gönne dich dir selbst

Bernhard von Clairvaux schreibt einmal seinem ehemaligen Mitmönch, *Papst Eugen III:* „Gönne dich dir selbst. Ich sage nicht: tu das immer, ich sage nicht: tu das oft, aber ich sage: tu es immer wieder einmal. Sei wie für alle anderen auch für dich selbst da, oder jedenfalls sei es nach allen anderen.“ (Bernhard von Clairvaux an Papst Eugen III.)
Die Uhr zur Seite legen. Unverplante Zeit in den Tagen des Urlaubs genießen. Diese Haltung ist mehr als nur eine sinnvoll therapeutische Übung, die uns wieder mobil machen will für die kommende Rastlosigkeit des Alltags. Mit dem Bild des Guten Hirten wird die freie Zeit zu einer Einladung des Glaubens: Alle Arbeit und Verantwortung für eine Zeit einfach zu lassen, weil ein anderer am Werk ist. Die Aufgaben und Verpflichtungen einmal zurückstellen, weil Gott in den schönen Dingen des Lebens zu uns sprechen will. Die Sorge und Verantwortung für andere einmal zurücknehmen, weil Gott mit jedem Menschen seinen eigenen Weg geht. Wenn wir jetzt den Segen für unsere Reise in die freie Zeit erbitten, dann, weil wir uns dem sorgenden Gott anvertrauen. Er möge uns für das befähigen, zu dem auch Jesus uns einlädt:

„Kommt mit an einen einsamen Ort, wo wir allein sind und ruht ein wenig aus!“

Heinz-Günter Bongartz

Segnung religiöser Zeichen

1. Segnung des Weihwassers

WASSER UND LEBEN

Situation: Weihwasser spielt im Leben der Christinnen und Christen immer wieder eine Rolle. Sei es im persönlichen Gebrauch oder bei feierlichen Segnungen. Die Predigt kann Verwendung finden bei einer feierlichen Weihe des Wassers, um den Stellenwert des Weihwassers im alltäglichen Leben hervorzuheben.

Text: Röm 6, 3–11

Wasser ist Leben

Wasser ist Leben. Das ist uns oft gar nicht recht bewusst, weil es bei uns Wasser in Fülle gibt. Aber in Palästina, wo die biblischen Schriften entstanden sind, und wo Jesus die Frohe Botschaft verkündet und Wunder gewirkt hat, geht einem der Sinn von Wasser wieder neu auf. Wo Wasser vorhanden ist, wo künstlich bewässert wird, wachsen sämtliche Früchte in Hülle und Fülle. Und wie abgeschnitten ist Wüste, wenn das Wasser fehlt.
Wasser ist Leben. Die Biologen sagen uns, dass der Mensch hauptsächlich aus Wasser besteht. Wir wissen, dass wir ohne weiteres ein paar Tage ohne Nahrung, aber nicht ohne Flüssigkeit leben können.

Das Wasser der Taufe

Auch im religiösen Leben spielt das Wasser eine zentrale Rolle. Im Wasser der Taufe hat unser Leben mit Christus begonnen. Die Taufe ist das Tor zum neuen, ewigen Leben. „Wenn jemand nicht aus Wasser und Geist wieder geboren wird, kann er nicht in das Reich Gottes kommen" (Joh 3, 5). „Wenn also jemand in Christus ist, dann ist er eine neue Schöpfung; das Alte ist vergangen, Neues ist geworden" (2 Kor 5, 17). Noch besser können wir sagen: Im Wasser der Taufe hat unser Leben „in Christus" begonnen. Die Taufe „ist das Eingepflanztwerden eines endlichen und sündigen Menschen in die überbordende Fülle des unendlichen, heilen und heiligen Lebens, das dem Vater und dem Sohn und dem Heiligen Geist eigen ist seit Ewigkeit. Wie eine Pflanze aus dem tödlichen Grund einer vergifteten Erde genommen und in einen neuen Wurzelgrund eingepflanzt wird, der ihr Leben in Fülle erlaubt, so wird der Mensch im Geschehen der Taufe ‚eingepflanzt' in das Leben des dreifaltigen Gottes" (*M. Kunzler*, Leben in Christus, S. 415).
Durch das Wasser der Taufe wurden wir in das göttliche Leben hineingetauft, sodass der Tod keine Macht mehr über uns hat (Röm 6, 5). Diese Berufung zu einem Leben in Christus macht die Würde unserer Gotteskindschaft aus.

Das Weih-Wasser

Wir Menschen brauchen Erinnerungszeichen, damit wir diese Berufung und Würde nicht vergessen. Ein solches Erinnerungszeichen ist das Weihwasser. Es erinnert uns nämlich an die Taufe, in der wir aus dem Wasser und Heiligen Geist wieder geboren wurden.
Feierlich werden wir heute das Weihwasser segnen, das über uns ausgesprengt wird, oder mit dem wir uns selber bezeichnen. Wenn wir das Wasser segnen, dann holen wir es heraus aus der Alltäglichkeit und heben es hinein in die Lebensfülle des dreieinigen Gottes. Damit wird dann das gesegnete Wasser zu einem Symbol, das uns an Gott erinnert.
Dazu soll dieses Weihwasser im Leben der Gläubigen dienen. Wenn wir das Gotteshaus betreten, bezeichnen wir uns mit dem geweihten Wasser und sagen dazu „Im Namen des Vaters, des Sohnes und des Heiligen Geistes". Damit segnen wir uns selber und werden uns des Lebens in Christus bewusst, das in der Taufe begonnen hat. Ich möchte Sie alle auch ermutigen, dieses Zeichen tagtäglich zu gebrauchen. Nach dem Aufstehen am Morgen und vor dem Schlafengehen am Abend nehme ich Weihwasser und bekreuzige

mich. Damit segne ich mich selber und alle, die an diesem Tag mit mir zu tun haben oder hatten. Mir tut so ein Zeichen gut. Der Tag bekommt einen Rahmen, einen gottgesegneten Rahmen. Wir könnten auch sagen, der Tag bekommt eine Fassung, damit wir nicht so leicht aus der Fassung geraten.

Gesegnete Menschen

Wenn so ein Zeichen den Rhythmus des Lebens prägt, dann sind wir nicht nur gesegnete Menschen, sondern werden einander zum Segen. Das ist uns aufgetragen in Christus Jesus. Wir sollen unsere Welt segnen und damit diese Welt mit Gott in Verbindung bringen, immer wieder hineintragen in die Lebensfülle Gottes. Wir dürfen den Segen weitergeben, durch uns hindurchlassen, dann wird ein Leben in Fülle anfanghaft schon auf dieser Erde erfahrbar.

Ich möchte diesen letzten Gedanken verbinden mit dem, den ich zu Beginn entfaltet habe, und einen anschaulichen Vergleich wagen: In Israel gibt es zwei Gewässer, den See Genesaret und das Tote Meer. Das eine ist voller Leben, das andere ist tot. Woran mag das liegen? Neben der naturwissenschaftlichen Erklärung gibt es eine symbolische Deutung: Der See Genesaret empfängt das Wasser und gibt es wieder ab. Das Tote Meer empfängt das Wasser und behält es für sich. So ist das also: Wer empfängt und wieder abgibt, der spendet Leben: Es wächst und treibt, es grünt und blüht, es reifen Früchte und es gibt eine reiche Ernte: Leben in Fülle. Wer aber empfängt und für sich behält und nichts weitergibt, der ist wie tot, abgeschnitten vom Leben. Der See Genesaret und das Tote Meer – zwei Bilder für den Menschen!

Trefflicherweise hat Jesus am See Genesaret gepredigt und gewirkt und nicht am Toten Meer. Jesus Christus ist das Leben, in das wir in der Taufe hineingepflanzt worden sind. Das Weihwasser möchte uns täglich daran erinnern.

Zu guter Letzt

Ein Wort auf den Weg:

> „Wie die Gläubigen sich das Weihwasser reichen von Hand zu Hand,
> So müssen wir Gläubigen uns das Wort Gottes reichen von Herz zu Herz.
> Von Hand zu Hand, von Herz zu Herz müssen wir uns reichen
> die göttliche Hoffnung" *(Charles Péguy).*

Georg Englmeier

2. Segnung eines Kreuzes

SOLIDARITÄTSZEICHEN – HOFFNUNGSZEICHEN

Vorbemerkung: Ich stelle mir eine kleine Gemeinschaft vor, eine Familie, eventuell ein paar Freunde dazu. Da passt keine lange Predigt, sondern eher eine kurze Ansprache.

Text: 1 Kor 1, 18–23

„Das da, das muss weg"

Ein Student aus einem muslimischen Land bewarb sich in Deutschland um ein Zimmer. Er fand eines, und zwar in einem katholischen Haus. Die Vermieterin zeigte ihm sein Zimmer. An der Wand hing ein Kreuz. Der Student zeigte auf das Kreuz und sagte: „Das da, das muss weg!" Erschrocken nahm sie das Kreuz von der Wand – und das Bild der Madonna mit dem Kind nahm sie auch gleich mit ab, denn sie glaubte, mit diesen katholischen Bildern die religiösen Gefühle ihres neuen Mieters zu verletzten. „Nein, nein", sagte der Student, „das kann bleiben, das ist schön", und zeigte auf das Bild Marias mit dem Kind. „Aber das da", er zeigte auf das Kreuz, „das ist schrecklich, das muss weg!"

Das Kreuz – Teil unseres Lebens

Hat er nicht recht: „Das muss weg!"? Wir kommen doch sonst auch nicht auf die Idee, uns die Bilder von Hingerichteten mit ihren qualverzerrten Körpern und Gesichtern ins Wohnzimmer zu hängen. Es entspricht doch weithin unserem Gespür, dass das Kreuz, das Leid aus unserem Leben verbannt sein müsste, weil es unsere Sehnsucht nach Glück, Freude und gelingendem Leben durchkreuzt.
Aber wir wissen auch: Es gibt kein Leben ohne Kreuz und Leid. Manchen begleitet es ein ganzes Leben, beim anderen schleicht es sich heimlich ein, einen dritten trifft es überfallartig. Kaum einer bleibt von dieser Erfahrung verschont. Und die Frage kommt auf: Wie lebe ich damit, dass Kreuz, dass Leid Teil meines Lebens ist?

„... denn statt des einen leiden unser zwei"

Conrad Ferdinand Mayer erzählt in einem Gedicht von einem Mann, der das höfische Leben geliebt und genossen hat. Nun ist er sterbenskrank:

„Fernab der Welt. Im Reiche meines Blicks
an nackter Wand allein das Kruzifix.
Von heilen Tagen liebt in Hof und Saal
ich nicht das Bild des Schmerzes und der Qual;
doch Qual und Schmerz ist auch ein irdisch Teil,
das wusste Christ und schuf am Kreuz das Heil.
Je länger ich's betrachte wird die Last
mir abgenommen um die Hälfte fast,
denn statt des einen leiden unserer zwei:
mein dorngekrönter Bruder steht mir bei."

(zitiert aus: *Jörg Zink,* Wie wir beten können, Stuttgart 1970, 133)

Solidaritätszeichen – Hoffnungszeichen

Das will mir das Kreuz vor Augen halten: Ich bin in meinen schweren Stunden nicht allein, ihr seid als Familie nicht allein. Da ist einer, der mit euch das Kreuz trägt, einer, der sensibel ist für eure schweren Stunden, einer, der mit euch solidarisch ist, denn er selbst kennt das, hat das Kreuz getragen.
An diesem Kreuz war er aber auch ein Hoffender: Das letzte Wort über mein Leben und Leiden spricht nicht der Tod, sondern das Leben. So wird das Kreuz an unseren Wänden gleichzeitig zum Hoffnungszeichen, das mir zusagt: Und wenn es noch so dunkel ist, dein und euer Leben wird an ein gutes Ziel kommen. Wenn Sie heute dieses Kreuz in Ihrer Wohnung segnen lassen, wenn es künftig Ihre Wand schmücken wird, stellt das eine Einladung dar: „Braucht ihr Trost im Leid, schaut auf das Kreuz! Braucht ihr Hoffnung in der Aussichtslosigkeit, schaut auf das Kreuz."

Heribert Arens

3. Segnung eines religiösen Bildes

GOTT LÄSST SEINE GÜTE SPÜREN

Kasus und Situation: Segnung eines Bildes des seligen *Johannes XXIII.*
Ein Ehepaar entschließt sich, seinem neugeborenen Sohn bei der Taufe den Namen des seligen Papstes Johannes XXIII. zu geben, von dem beide tief beeindruckt sind. Sie haben sich ein schönes Bild des neuen Seligen beschafft und wünschen, dass es bei der Taufe gesegnet wird.

Die Ansprache ist auf die Segnung des Bildes vom Namenspatron abgestimmt. Das ist in diesem Fall deshalb zu verantworten, weil die Familie weiß, worauf es bei der Taufe ankommt. Zudem ist es bereits das dritte Kind der Familie.
Die Ansprache soll die Bedeutung des Namenspatrons als Vorbild und Orientierung auf den Weg zu Gott herausstellen. In der Segnung soll das zum Ausdruck kommen.

Text: Gal 3, 26–29

Der Namenspatron

Bei der Taufe wird dem Täufling auch feierlich der Name gegeben. Sie haben auf die Frage, wie ihr Kind heißen soll, geantwortet: Johannes, nach dem seligen Johannes XXIII. Der im Heiligen Jahr 2000 selig gesprochene Papst Johannes XXIII. ist somit sein Namenspatron und Wegbegleiter. Ihr Sohn kann Ihnen dankbar sein für diese Wahl. Ich bin überzeugt, dass er auch selbst stolz sein wird auf seinen Namen, sobald er seinen Namenspatron einmal näher kennen wird.
Als Angelo Giuseppe Roncalli am 28. Oktober 1958 im Alter von 77 Jahren zum Papst gewählt wird, wunderten sich viele. Bald sollten sie staunen. Er nannte sich als Papst Johannes XXIII. Schon der Name überraschte, denn es gab in der Zeit des Abendländischen Schismas schon einmal einen Papst mit Namen Johannes XXIII. (1410–1415), der auf dem Konzil von Konstanz mit den anderen Gegenpäpsten zum Amtsverzicht veranlasst wurde. Der selige Johannes XXIII. setzte somit schon mit diesem Namen ein Zeichen und schaffte Klarheit.
Noch mehr beeindruckte die Menschen seine Güte, Menschenfreundlichkeit und Weltoffenheit. Vor allem hat er durch das II. Vatikanische Konzil, das er einberufen hat, die „Fenster“ der Kirche zu den Menschen weit aufgemacht und somit vielen die Möglichkeit gegeben, dadurch etwas von der Güte und Menschenfreundlichkeit Gottes zu erahnen. Darum ging es ihm vor allem. Als Student schreibt er 1902: „Gott ist alles, ich bin nichts.“

Der Namenspatron als Vorbild

Es ist eher selten, einen Heiligen direkt nachzuahmen. Heilige lassen sich nicht kopieren, sondern laden ein, unter den heute gegebenen Voraussetzungen Christsein zu verwirklichen. Der selige Johannes XXIII. scheint da eine Ausnahme zu machen. In ihm hat ihr Sohn wirklich ein beeindruckendes Vorbild von einem geglückten Leben aus dem Glauben. Möge auch Johannes die heitere Gelassenheit aus dem Glauben erfahren, die sein Patron am Ende seines Lebens auf die Formel bringt: „Wer Glauben hat, der zittert nicht. Er überstürzt nicht die Ereignisse, er ist nicht pessimistisch eingestellt, er verliert nicht die Nerven. Glauben, das ist die Heiterkeit, die von Gott kommt.“

Maß nehmen an Johannes XXIII.

Sie haben für Johannes auch ein schönes Bild vom seligen Papst Johannes XXIII. beschafft, das nun gesegnet werden soll. Dieses Bild möge Johannes begleiten und immer an seinen Namenspatron erinnern. Zumindest in dem einen Punkt kann Johannes auch Maß nehmen an seinem Namenspatron, dass wir Menschen Vorbilder brauchen. Vor allem brauchen wir auch als Christen Vorbilder, die uns zeigen, wie man sein Christsein leben kann. In seinem Tagebuch bekennt Johannes XXIII., dass er sich selbst auch ein Vorbild genommen habe. Ein Jahr vor seiner Priesterweihe, am 29. Januar 1903, das war damals der Gedenktag des heiligen *Franz von Sales*, schreibt er folgende Zeilen in sein Tagebuch: „Wie herrlich ist seine Gestalt als Mann, Priester und Bischof. Wenn ich so sein könnte wie er, würde es mir nichts ausmachen, wenn sie mich zum Papst wählen würden. Wie oft habe ich sein Leben gelesen. Mein Leben, so sagt der Herr, muss ein vollkommenes Abbild des Lebens des heiligen Franz von Sales sein, wenn es einiges Gutes hervorbringen will."
Als er dann im Jahre 1958, 55 Jahre nach jenem Tagebucheintrag, tatsächlich zum Papst gewählt wird, waren die Menschen bald angetan von seiner Güte und Herzlichkeit. *Kardinal Döpfner* sagte damals über ihn: „Er suchte aus dem Wort zu leben, das der Apostel von Christus sagt: ‚Erschienen ist die Güte und Menschenfreundlichkeit Gottes'" (Tit 3, 4). Wer um den Tagebucheintrag weiß, kann es noch präziser sagen: Johannes XXIII. hat sich tatsächlich etwas von der Spiritualität des heiligen Franz von Sales zu eigen gemacht. Über Franz von Sales haben damals die Leute gesagt. „Wie gut muss Gott sein, wenn unser Bischof schon so gut ist!"
Liebe Eltern, lieber Pate, ..., mögen einst die Leute auch über Johannes sagen können: „Wie gut musste Papst Johannes XXIII. gewesen sein, wenn unser Johannes schon so gut ist!" Mögen ihn sein Name und das Bild immer an seinen großen Namenspatron erinnern!

Segnung des Bildes

Nun wird also das Bild gesegnet. Was geschieht da? Im Segensgebet erbitten wir vor allem den Segen Gottes. Bisweilen berufen wir uns auch auf die Fürsprache des betreffenden Heiligen. Dabei sehe ich nicht nur den „Mehrwert" durch den Segen Gottes und die Fürsprache des auf dem Bild Dargestellten, sondern ebenso auch die größere Verbindlichkeit gegenüber Gott und der Gemeinschaft der Glaubenden, die damit eingegangen wird. Denn im Blick auf die Heiligen wird mir sowohl die Gemeinschaft des Glaubens als auch die Gemeinschaft des Heils bewusst.

Heilige lassen mich die Gemeinschaft des Glaubens erfahren, indem sie mich auf die Menschlichkeit Gottes verweisen. Als Glaubende dürfen wir auf Gottes Wort und Handeln mit Lob und Segen, aber auch mit Danksagung antworten. Heilige lassen mich auch die Gemeinschaft des Heils erfahren. Trotz seines biologisch-physischen Todes darf der Heilige Jesus in alle Ewigkeit in seiner Herrlichkeit schauen. Als neuer Mensch lebt er ewig und bleibt mit allen verbunden, die in Christus leben. Als himmlische Kirche bilden die Heiligen zusammen mit der irdischen Kirche eine einzige Lebensgemeinschaft in Christus. So bleiben sie durch diese Verbindung mit Christus im „Mitvollzug seines priesterlichen Für-seins für die Kirche" *(G. L. Müller)*. Die Fürsprache der Heiligen hat ihre Grundlage darin, dass das Miteinander in der einen Kirche zum Füreinander wird *(H. J. Limburg)*. „Die Kirche ist ja", gemäß der Kirchenkonstitution des Zweiten Vatikanums, „in Christus gleichsam das Sakrament, das heißt Zeichen und Werkzeug für die innigste Vereinigung mit Gott wie für die Einheit der ganzen Menschheit" (LG 1). In diesem Sinne sprechen wir die Heiligen als himmlische Glieder der einen Kirche an und bitten sie bei Gott um ihre Fürsprache. Doch immer gilt: Ganz gleich, ob ein Heiliger direkt oder indirekt angesprochen wird, so ist nicht zuerst dieser angesprochen, sondern Gott in ihm ist angesprochen. In diesem umfassenden Sinne bitten wir Gott bei der Segnung dieses Bildes.

Erinnerung und Vermächtnis

Lieber Johannes, möge dich das gesegnete Bild immer an deinen Namenspatron erinnern. Möge der selige Johannes XXIII. dich stets zu einem Leben aus dem Glauben ermutigen. Und möge er für die Zeit, die dir geschenkt ist, und für die Menschen, mit denen du zu tun haben wirst, ein Segen sein. Der Name sei dir Vermächtnis und persönlicher Auftrag, ihn mit Inhalt zu füllen – etwa in dem Sinne, wie es *Albrecht Schräder* in den folgenden Worten zum Ausdruck bringt:

> „Wir wollen unseren Namen tragen
> wie ein Ideal, das wir zu leben haben.
> Wir wollen unseren Namen tragen
> wie eine Schale, die wir zu füllen haben.
> Wir wollen unseren Namen tragen
> wie einen Segen, den wir immer über uns haben."

Schließlich soll an uns ja die Taufwirklichkeit sichtbar werden, wie wir in der Lesung aus dem Brief an die Galater gehört haben: „Denn ihr alle, die ihr auf Christus getauft seid, habt Christus als Gewand angelegt" (Gal 3, 27).

Michael Spitz

4. Segnung eines Bildstocks/Marterls

ZEICHEN FÜR GOTTES GEGENWART

Zielsatz: Den ZuhörerInnen soll bewusst werden, dass das gesegnete Wegkreuz, Marterl oder der Bildstock Zeichen dafür sind, dass Gott immer für uns Menschen da ist.

Text: Ex 3, 1–17

Ein Segenszeichen mehr…

Wir haben uns hier versammelt, um für dieses Wegkreuz, dieses Marterl, diesen Bildstock den Segen Gottes zu erbitten. Damit reihen wir das Wegkreuz, das Marterl, den Bildstock unter die vielen ein, die es in unserem Land gibt. Dabei geht es uns nicht darum, durch die Vermehrung ihrer Zahl den Einfluss auf Gott vergrößern zu wollen. Das wäre Magie. Es geht uns darum, ein Zeichen zu setzen, das für unseren Glauben Zeugnis ablegen soll: Gott ist immer und überall für uns Menschen da.

… als Erinnerung an Gottes heilende Gegenwart…

Diese Zeichen des Glaubens und der Erinnerung an Gottes Gegenwart gibt es bei den Menschen in vielen Religionen, nicht zuletzt beim Volk Israel des Alten Bundes. In der Geschichte dieses Volkes ragt ein Zeichen besonders heraus. Es ist der brennende Dornbusch in der Wüste, der Mose und dem Volk Israel zu einem besonderen Segenszeichen wurde. Im Feuer des Dornbusches offenbarte Gott in seinem Namen seine allgegenwärtige Heilsbereitschaft. Denn auf die Frage nach dem Namen Gottes erhielt Mose zur Antwort: „Ich bin Jahwe" (Ex 3, 14). Ins Deutsche übersetzt heißt das: Ich bin der „Ich-bin-da". Und Gott fügt hinzu: „Das ist mein Name für immer, und so wird man mich nennen in allen Generationen" (Ex 3, 15).
Weil Gott nicht nur so heißt, sondern auch so ist, wie er genannt sein will, ist und bleibt sein Name Programm für alle Menschen: Ich bin für euch da. Und wir können hier und jetzt hinzufügen: Ich bin besonders für euch da, wo ihr ein Zeichen setzt, das euch an mich erinnern soll.

… das uns innehalten lässt…

Wer sich an Gott erinnern will, der muss innehalten. Zum Innehalten will uns dieses Wegkreuz, dieses Marterl, dieser Bildstock anregen, wenn wir daran vorbeigehen. Er-innern, inne-halten hat etwas mit unserem Innern zu tun, mit den

Tiefen unseres Seins, mit dem, was wir gern mit dem Wort „Herz" bezeichnen. Wenn etwas in unser „Herz" dringen soll, wenn wir von etwas in unserem Innern berührt werden wollen, dann brauchen wir Zeit. So mahnt uns dieses Wegkreuz, dieses Marterl, dieser Bildstock: Bleib stehen an diesem Ort, nimm dir etwas Zeit, um über das nachzudenken, was du hier dargestellt siehst. Es hat eine Bedeutung für dein Leben. Werde dir dessen bewusst, erinnere dich daran, lass dich davon berühren; dann könnte dieses Wegkreuz, dieses Marterl, dieser Bildstock auch dir zum Segen werden.

... damit wir von Gottes Nähe berührt werden

Das könnte dann geschehen, wenn es zu der Erfahrung käme: Hier steht nicht nur ein Zeichen für Gottes Nähe, hier ist Gott selber mir nahe. Er berührt mich in meinem Innern, er ist für mich da; denn ich spüre etwas von seiner Güte, seiner Menschenfreundlichkeit, seinem Beistand, seinem Trost. Und das will er mir nicht nur durch diesen gesegneten Ort sagen, sondern auch durch dessen Umgebung (mit Wiesen und Wäldern, mit Hügeln und Bergen, mit Gärten und Häusern, die es in der Umgebung gibt). Gott hat uns das alles geschenkt durch seine Schöpferkraft und durch unsere Fähigkeiten, mit denen er uns begabt hat. Nach dieser Erfahrung Gottes, die uns durch das Innehalten an diesem Segenszeichen geschenkt werden könnte, vermögen wir unseren (Lebens)Weg gestärkt weiterzugehen. Ist uns doch neu bewusst geworden: Gott ist Jahwe, er ist immer für jeden von uns da.

Johannes Schlosser

5. Segnung eines Rosenkranzes

ALLE DINGE BRAUCHEN SEGEN

Text: Mt 6, 5–13

Im offiziellen „Buch der Segnungen", von der Kirche Benediktionale genannt, werden etwa 100 verschiedene Gegenstände, Menschen oder Situationen aufgeführt, für die ein Segen in liturgischer Form erbeten oder gegeben werden kann. Angefangen vom Adventskranz bis zum Zeppelin ist kaum etwas ausgelassen. Auch Feuer und Wasser sind enthalten. Außerdem gibt es dann noch ein besonderes Segensgebet, das für „jegliche andere Dinge" geeignet sei. Und damit weitet sich die Zahl der Gegenstände, die gesegnet werden sollen, geradezu ins Unendliche.

Was ist überhaupt ein Segen?

Das äußere Zeichen für einen Segen ist einfach genug: ein Kreuzzeichen, das über den Gegenstand gezeichnet wird und ein kleiner Spritzer Weihwasser dazu. Wichtiger freilich erscheint mir, was solch ein Segen bedeutet, und noch wichtiger, was er bewirkt und woher seine Wirkkraft kommt.

Jeder Segen ist ein frommer Wunsch

Anlässlich von Geburtstagen wird oft ein so genannter Irischer Segenswunsch vorgetragen. Das erste Wort in diesem Segensgebet heißt: Möge! „Möge die Straße uns zusammenführen und der Wind in deinem Rücken sein." Ach, möchte doch! Ein Segen ist also zunächst ein guter Wunsch. Und obendrein ein frommer Wunsch. Ein Wunsch, für den wir zusätzlich zu unseren schwachen Menschenworten auch noch Gottes Kraft, Hilfe, Beistand, Gnade und Barmherzigkeit erbitten.

Segnen heißt auch Bändigen

Wir erleben es immer wieder, dass fast alle Dinge auf der Welt zum Guten wie auch zum Bösen benutzt werden können. Ganz Ähnliches gilt auch für die Naturkräfte; für Feuer und Wasser. Diese Elemente haben in sich die Kraft zu verheeren und zu vernichten. Andererseits dienen sie uns zur Reinigung und Heilung und in vielfacher Hinsicht.
Es wäre doch schön, wenn man die schreckliche und verheerende Seite der Naturgewalten bändigen könnte, so wie Jesus dies beim Sturm auf dem See getan hat, als er dem Winde zurief: „Sei still!" Wenn wir diesen Wunsch in die Form eines Segens kleiden, dann heißt das etwa: „Möge uns Feuer und Wasser nicht schaden und der Herr behüte uns vor allem Unwetter und Unheil." Genauso, wie es vieltausendmal im Wettersegen gebetet wird.

Warum wir Rosenkränze segnen

Der Rosenkranz ist nun freilich nur eine harmlose Perlenschnur. Mit ihr kann man doch wohl kein Unheil anrichten, wie etwa mit anderen Schnüren und Stricken, mit denen man eventuell Leute fesseln und binden könnte.
Bei der Segnung von Rosenkränzen geht es also nicht darum, eine Naturgewalt zu bändigen oder den Missbrauch eines Gegenstandes zu verhindern. Hier kommt noch eine andere, weitere Bedeutung des Segens ins Spiel. Auch diese Bedeutung kann man mit dem nunmehr schon bekannten Wort einleiten:

Möge! Mögen doch alle, die diese Perlenschnur tragen und den Rosenkranz beten, dadurch bestärkt werden in ihrem Glauben, mögen sie wachsen in der Hoffnung und zunehmen an Liebe.

Der Rosenkranz, das kleine Credo

Im Credo, das wir in der heiligen Messe beten, spiegelt sich der Glaube von 1900 Jahren. Aber es sind in dieses Bekenntnis auch die Auseinandersetzungen und Streitigkeiten der Theologen durch all diese Jahrhunderte eingegangen und so haben die Sätze eine gewisse Abstraktheit angenommen.
Im Rosenkranz dagegen betrachten wir dieselben Glaubensgeheimnisse in leicht verständlichen Bildern, wie sie etwa *Veit Stoß* in seinem berühmten Rosenkranz von St. Lorenz in Nürnberg dargestellt hat. Zusammen mit den heiligen Gestalten können wir gleichsam den Weg des Glaubens gehen und wir gehen ihn an der Hand der Mutter des Herrn.

Einstimmen in den Chor der Beter

Viele Jahre lang trug ich selber den Rosenkranz meiner verstorbenen Mutter in der Manteltasche. Und wenn ich ihn betete, dachte ich nicht nur an die Geheimnisse des freudenreichen, schmerzhaften oder glorreichen Rosenkranzes, sondern ich spürte auch die Nähe meiner Mutter, die diesen Rosenkranz gewiss öfter als ich durch ihre Finger gleiten ließ. Und ich fühlte zugleich, wie ich bei diesem seltsam meditierenden Gebet mit einstimmen durfte in einen größeren, leise murmelnden Chor.
Möge also der Herr und seine Mutter all jene segnen und führen, die entlang der Perlenschnur den Weg der Erlösung nachbeten, mitgehen und mitleiden: angefangen von der Verkündigung durch den Engel, bis zur Krönung Mariens, die wir als ein Versprechen unserer eigenen Heimkehr zu Gott verstehen dürfen.
Ein paar Tage vor ihrem Tod hat Frau X. diese Zeilen auf einem kleinen Notizbuchzettel aufgezeichnet:

> Gebt mir den Rosenkranz von meiner Mutter mit ins Grab.
> Er ist nicht kostbar.
> Einfache schwarze, runde Perlen aus Holz –
> Wohl mehr von meiner Mutter Fingern
> als von mir poliert.
> Ein kleines schwarzes Kreuz hängt dran,
> darauf der Heiland wirklich angenagelt ist.
> Das ist so Vorschrift.

Und fest ist er gekettet, unzerreißbar.
Anhalten kann man sich an diesen Rosenkranz.
Anklammern, wenn man oft so ganz allein ist.
Das soll kein Vorwurf für euch sein.
Ein jeder Mensch, auch viel geliebt,
muss einmal einsam werden.

Josef Übelmesser

6. Segnung einer Fahne

IM ZEICHEN DER FAHNE

Situation und Ziel: Die Mitfeiernden sollen sich über das Ritual hinaus wieder auf die Werte des Lebens ihrer Gemeinschaft besinnen und dafür Segen erbitten.

Text: Ex 17, 8–15

Die Fahne als Mittelpunkt

Jedesmal, wenn Olympische Spiele eröffnet oder beschlossen werden, ziehen die Wettkämpfer der einzelnen Nationen in das Stadion ein: umjubelt von den Angehörigen dieses Volkes, aber auch von ihren Sympathisanten. Angeführt wird die Gruppe vom Fahnenträger: Es ist immer eine besondere Ehre, dafür ausersehen zu sein. Und jedes Mal, wenn die ersten drei Sieger die olympische Ehrentreppe besteigen, wird die Flagge des jeweiligen Landes am Fahnenmast hochgezogen – ein Zeichen der Ehre, auch für das betreffende Land.

Vom Symbolwert der Fahne …

Seit vielen Jahrhunderten sind Fahnen Zeichen der Gemeinschaft. In früheren Zeiten dienten die Fahnen zunächst bei kriegerischen Aktionen als Zeichen für die Kämpfer, damit sie die Richtung in der Schlacht behielten oder ihren Sammelpunkt erkennen konnten. Fahnen galten als Symbol der Ehre und der Treue. Auf sie leisteten die Soldaten den Fahneneid. Die Fahne bis zur Hingabe des eigenen Lebens zu verteidigen, galt als höchste militärische Pflicht.
Heute haben Fahnen zumeist als Flaggen wichtige Bedeutung im internationalen und nationalen Leben, auf Landes- und Ortsebene, in Staat und Kirche. Als Banner hatten und haben sie im Leben der Jugendbewegung hohen Symbol-

wert. Vor und nach dem Zweiten Weltkrieg haben sich junge Christen im Zeichen des Christus- oder Marienbanners zusammengefunden: zu Bekenntnistagen und Wallfahrten, zu Zeltlagern und internationalen Begegnungen. „Das Banner ist dem Herrn geweiht, geweiht ist unser Leben! Dem Herrn sei Dank in Ewigkeit, der uns sein Wort gegeben...“, so hieß eines der jugendbewegten Lieder. Und ein anderes: „Kreuzesfahnen sollen uns bahnen den Weg durch die finstere Nacht. Jauchzend wir schreiten Seite an Seite, denn Christus ist unsere Macht!”

... und ihrem Missbrauch

Heute sind wir nüchtern geworden im Umgang mit Fahnen, Flaggen, Bannern und Wimpeln. Zu tief ist unsere Erinnerung davon geprägt, dass im Zeichen der Fahne Menschen missbraucht und verführt worden sind – im Nationalsozialismus und im Kommunismus. Im Zeichen des Hakenkreuzes und des Sowjetsterns sind ungezählte Menschen in den Tod geschickt, grausam misshandelt und vernichtet worden. Die Fahne wurde missbraucht, um die Menschen an den Führer oder die Partei zu binden. So mussten z.B. noch vor wenigen Jahren in der Sowjetunion junge Leute, die in den Betrieb aufgenommen wurden, die Arbeiter-Fahne berühren und küssen und auf sie den Eid leisten, tüchtige Arbeiterinnen und Arbeiter zu sein. Zu Recht wehren wir uns heute dagegen, wenn wieder Fahnen auftauchen mit dem Zeichen des Hakenkreuzes, wenn in diesem Zeichen Gewalt und Menschenverachtung ausgeübt wird, wenn Ausländer und Fremde zu Tode geprügelt werden. Hier gilt in der Tat das Wort: „Sage mir, hinter welcher Fahne du gehst, und ich sage dir, wer du bist!“

Der Segen als Bitte um positive Werte für die Gemeinschaft

Wenn heute die neue Fahne dieses Vereins (dieser Verbindung/dieser Gruppe usw.) gesegnet wird, dann gilt dieser Segen nicht nur diesem Symbol, sondern vor allem der Gemeinschaft, die sich im Zeichen dieser Fahne versammelt: den Vorständen und den Mitgliedern, aber auch denen, die diese Fahne gestiftet und die sie kunstvoll gearbeitet haben. Das Segensgebet für diese Fahne möchte uns außerdem auf wichtige Haltungen aufmerksam machen, die für das Zusammenleben im Verein von Wert und Bedeutung sind. Da wird gebetet, dass alle, die diesem Zeichen folgen, zu einer Gemeinschaft des Friedens und der Hilfsbereitschaft zusammenfinden sollen, dass Gott Eintracht und Brüderlichkeit schenken möge, dass er das Verantwortungsbewusstsein, die Rücksicht und die gegenseitige Hilfe bestärken möge. Das sind die Werte, aus denen eine

Gemeinschaft lebt. Wenn solche Werte den Alltag dieses Vereins bestimmen, dann werden auch immer wieder Menschen sich für diese Gemeinschaft interessieren und bei ihr mitarbeiten wollen.

Die Fahne als Zeichen des Bekenntnisses

Wer bei Jubiläen oder an festlichen Tagen hinter dieser Fahne hergeht, der bekennt sich öffentlich zu dieser Gemeinschaft und zu ihren Zielen. Mut zum Bekenntnis ist da gefragt, nicht anders wie bei unserem Leben als Christen – am Sonntag und noch mehr am Werktag. Was wir brauchen, im Verein und in der Kirche, das sind engagierte und zum Bekenntnis bereite Menschen, die bewusst ihr Ja sagen zur Gemeinschaft, mit der und für die sie leben.
Dass wir dazu den Mut und die Kraft haben, darum beten wir in diesem Gottesdienst!

Konrad Baumgartner

II.

Segnungen im Leben der Familie

1. Kindersegnung

WIE EIN LÄCHELN GOTTES

Text: Mk 10, 13–16

Wenn ich eine Tauffeier zu vollziehen habe, dann freue ich mich immer auf den Augenblick, da ich den Taufkindern das Zeichen Christi auf die Stirn zeichnen darf und dann Eltern, Paten und alle Anwesenden auffordere, dasselbe zu tun. Der Sinn dieses Zeichens ist klar. Das Kind wird durch die Taufe hineingenommen in die Lebensgemeinschaft mit Christus. In diesem Segenszeichen legt gleichsam er selber dem Kind die Hand auf.

Segnen heißt: Gutes wünschen

Warum liebe ich dieses Zeichen so sehr? Weil es mir immer wie ein Lächeln Gottes erscheint, das diesem Kind geschenkt wird und weil an diesem Zeichen so wunderbar zu sehen ist, was Segnen heißt und bedeutet. Im Lateinischen heißt segnen „benedicere" d.h. Gutes sagen, einem Menschen die Liebe und Nähe Gottes wünschen und im Zeichen erfahrbar zu machen.

Segnen heißt: Gott schaut mich an

Ich bitte die Eltern immer: Schauen Sie sich Ihre Angehörigen und Freunde an, wenn sie die Kinder segnen, denn wer ein so unschuldiges Kind berührt und anschaut, der kann dies nur mit einem Lächeln und einem liebevollen Blick tun. Wird hier nicht sichtbar, was wir erbitten? Gottes Liebe soll dieses Kind berühren, seine Liebe soll es behüten und beschützen. Wie einst Eltern ihre Kinder zu Jesus brachten mit der Bitte, ihnen die Hände aufzulegen und sie zu segnen, so legen auch wir heute diesen Kindern die Hände auf in seinem Namen, an seiner statt.

Segnen heißt: Gott berührt

Die Berührung ist ein wichtiges Zeichen. Wir alle wissen, wie gut uns die Berührung eines Menschen tut, den wir lieben und umgekehrt, wie unangenehm uns die Berührung eines Menschen ist, der uns fremd oder gar zuwider ist. Wenn ich jemand in Liebe und Freundschaft berühre, dann ist es, als ob ein Kontakt zwischen zwei Herzen geschlossen würde. Was ich für einen Menschen an Liebe und Zuneigung empfinde, das fließt zu ihm über, sodass es keines Wortes mehr bedarf.

Segnen heißt: Gottes zärtliche Liebe spüren lassen

Berührung lässt spürbar werden, dass wir einem Menschen gut sind und wenn sich Gott in diesem Berühren uns zuneigt und fühlen lässt, dann heißt das nichts anderes als, dass Gott dieses Kind liebt, und zugleich wird uns bewusst, dass elterliche Liebe und alle, zu denen dieses Kind gehört, einen heiligen Dienst tun. Dieses Berühren ist dann nicht nur Ausdruck elterlicher Liebe, sondern wird zum Gefäß der Liebe Gottes selber, die sich diesem Kinde zuneigt.

In diesem Segnen wird Gottes zärtliche Liebe sichtbar und erfahrbar. Dieses Segnen sollte darum immer wieder das Leben (nicht nur) eines Kindes begleiten und stete Einladung sein, sich dieser Liebe Gottes immer wieder anzuvertrauen und sich in ihr geborgen und geschützt zu fühlen. Dieses Segnen kann einem Menschenkind von kleinauf das Bild eines Gottes vermitteln, wie ihn Jesus gelebt und gezeigt hat: Das Bild eines Gottes, der in einer mütterlichen und väterlichen Liebe für uns Menschen da ist, der uns mit seiner Liebe immer und überall begleiten will, mit einer Liebe, die uns nie verlässt.

Segnen schenkt Freude an Gott und stärkt das Vertrauen in ihn

Dieses Segnen kann einem Kind zu jenem Vertrauen verhelfen, das in einem Psalm aufklingt, den früher der Priester beim Stufengebet mit den Ministranten gebetet hat. Das Vertrauen in einen Gott, der „meine Freude ist von Jugend auf“ (Ps 43, 4).

Von daher wird jedem aufgehen: Segnen, das ist nicht nur ein Zeichen für besondere Gelegenheiten, sondern segnen können und sollen wir uns alle Tage, uns und die Menschen, die wir lieben, die uns anvertraut sind. Wir nehmen und geben uns damit gegenseitig ein Zeichen der Liebe und Nähe Gottes.

Segen ein bleibendes Geschenk für das ganze Jahr

Bei besonderen Segnungen, wie an Weihnachten oder bei der hl. Taufe, kann uns dies wieder neu aufgehen. Und da gerade Weihnachten, dieses Fest der Liebe und des Friedens die Herzen öffnet, wäre gerade dies ein bleibendes Weihnachtsgeschenk, das uns das ganze Jahr begleiten und froh machen kann.

Horst Mally

2. Segnung Jugendlicher als „Feier der Lebenswende“

ES MUSS IM LEBEN MEHR ALS ALLES GEBEN

Vorbemerkung: Nachstehende Predigt wurde vom Erfurter Dompfarrer Dr. Reinhard Hauke für Jugendliche gehalten, die nicht getauft sind und nicht zur Jugendweihe gehen, aber dennoch eine solche Segensfeier zur „Lebenswende“ erbitten.

Erzählung nach Maurice Sendak: Es muss im Leben mehr als alles geben. Sehnsucht nach dem wirklichen Leben, in: *Heriburg Laarmann,* Das ist dein Tag. Neue Geschichten zur Erstkommunion, Freiburg – Basel – Wien, 1998, 57 f.
„Jennie war eine Hündin, die alles hatte, was das Leben angenehm machen kann. Sie schlief auf einem runden Kissen im oberen und auf einem viereckigen Kissen im unteren Stockwerk. Sie hatte einen eigenen Kamm, eine Bürste, zwei verschiedene Pillenfläschchen, Augentropfen, Ohrentropfen, ein Thermometer und einen roten Wollpullover für kaltes Wetter. Sie hatten zwei Fenster zum Hinausschauen und zwei Schüsseln für ihr Futter. Vor allem aber fühlte sie sich von ihrem Herrn geliebt.
Doch in allem fand die Hündin nicht ihr Glück. Um Mitternacht packte sie alles, was sie besaß, in eine schwarze Ledertasche mit einer goldenen Schnalle und blickte zum letzten Mal zu ihrem Lieblingsfenster hinaus.
Die Topfpflanze, die zum selben Fenster hinausschaute, schüttelte den Kopf. „Wer kann dich verstehen?“, fragte sie. „Du hast alles, was man sich wünschen kann.“ Jennie knabberte an einem Blatt. „Du hast zwei Fenster“, sagte die Pflanze. Jennie seufzte und biss ein weiteres Blatt ab. „Du hast zwei Kissen, Augentropfen, Ohrentropfen und einen roten Pullover. Vor allem aber hast du jemanden, der dich liebt.“ – „Das ist wahr“, sagte Jennie und kaute noch mehr Blätter. „Du hast alles“, wiederholte die Pflanze. Jennie nickte nur, die Schnauze voller Blätter. „Warum gehst du dann fort?“ – „Weil ich unzufrieden bin“, sagte Jennie und biss den Stengel mit der Blüte ab. „Ich wünsche mir etwas, was ich nicht habe. Es muss im Leben noch mehr als alles geben!“
Die Pflanze sagte nichts mehr. Es war ihr kein Blatt geblieben, mit dem sie hätte etwas sagen können.

Jennie ist unzufrieden. Alle Gegenargumente, die vorgetragen werden, räumt sie aus dem Weg, werden mundtot gemacht. Leider finden wir keine Argumente, die Jennie vorträgt. Woher weiß sie, dass es im Leben mehr geben muss als das, was sie schon hat, mehr als alles? Sie scheint eine innere Gewissheit dafür zu haben, für die es wohl von ihr her keine Argumente gibt. Sie hat ein Gefühl. Und ich vermute: Viele junge Menschen haben ein solches Gefühl ebenso: Es muss im Leben mehr geben als das, was ich habe! Sehnsucht nach dem Mehr, nach dem Größeren, drückt sich darin aus. Manchmal sieht man es, dass sich Jugendliche dann Idole und Ideale suchen. Sie dekorieren ihre Zimmer damit, sie schauen gern hin, wenn ein Fernsehstar in schillerndem

Kleid auftritt oder wenn ein Sportler auf dem Siegertreppchen steht und andere mit Sekt besprüht oder besprüht werden kann. „Irgendwann möchte ich selbst auf einem Siegertreppchen stehen“ – wird dann jeder denken. Und ich meine: Die Wünsche, die wir vorher von den Jugendlichen gehört haben, drücken ja davon ein wenig aus: „Es muss im Leben mehr geben als das, was ich bisher erlebe.”

Solche Gedanken und Wünsche sind nicht neu. Ich möchte hinweisen auf das große Bild, das wir hier im Langhaus des Domes zu Erfurt sehen: Darstellung eines Mannes, der Christopherus genannt wird. Manche mögen ihn kennen. Von ihm gibt es eine Legende, die von diesem Streben nach dem Mehr, nach dem Größeren erzählt.

Nach der Legende ist Christopherus ein Mann gewesen mit großen Kräften. Er wollte dem Stärksten in der Welt dienen. Eines Tages entschloss er sich, seine Dienste dem König anzubieten, und der König nahm die Dienste dieses Christopherus sehr gern an. Aber eines Tages bemerkte Christopherus: Der König hat Angst vor einem Stärkeren, und er nannte ihn den Teufel. Deshalb ging Christopherus vom König weg und ging zum Teufel in den Dienst. Und der Teufel hat diese Dienste gern angenommen. Auch hier bemerkt Christopherus eines Tages, dass der Teufel Angst hat und den, vor dem er Angst hat, „Gott“ nennt. Und so wollte Christopherus Gott dienen, doch er wusste nicht, wo er ihn finden kann. Und so fragte er einen weisen Mann auf dem Weg: Weißt du, wo ich Gott finden kann?“ Und dieser sagte: „Geh an diesen Fluss. Du bist stark genug, und du kannst den Menschen über das Wasser helfen, und irgendwann wirst du einmal Gott entdecken.“ Und es wird in der Legende weiter berichtet: Irgendwann ruft ihn ein Kind. Es wollte über das Wasser getragen werden. Christopherus war erst etwas missmutig. Er dachte sich: „Ein Kind – da lohnt es sich ja kaum, sich dafür zu erheben. Ein so kleines Kind: Das ist leicht gemacht!“ Und während er das Kind über das Wasser trug, wurde es immer schwerer, so dass er kaum das Ufer erreichen konnte. Und er fragte das Kind: „Wer bist du?“ Und so berichtet die Legende: Das Kind antwortete: „Ich bin Gott, ich bin Christus!“ Und von dem Tag an – so heißt es – hat er diesem Christus, hat er Gott gedient.

Er war auf der Suche nach dem Mehr, und er fand ein Kind, und er half diesem Kind und wurde dadurch glücklich.

Die Sorge um einen Menschen, der klein ist und hilfsbedürftig: Die könnte manchmal auch dieses Mehr bedeuten. Die Jugendlichen haben an zwei Terminen im März und im April sich für Obdachlose engagiert und ihnen im Pfarrhaus ein Mittagessen bereitet. Und alle, die dabeigewesen sind und es erlebt haben, konnten spüren: Es war für beide Seiten eine Bereicherung. Die Obdachlosen wurden herausgerissen aus dem Trott ihres Alltags – aus mancher

Stumpfheit, und für die Jugendlichen gab es eine neue Erfahrung im Umgang mit diesen armen Menschen.
Die Hilfe für Arme – vielleicht auch etwas, um diese Sehnsucht nach dem Mehr zu erfüllen.
Für diese Feier heute haben sich die Jugendlichen viele Gedanken gemacht: zu Hause und auch in der Gruppe, in der wir diese Feier vorbereitet haben. Es ist sicher ein Fest geworden. Und ein Fest unterscheidet sich wesentlich von der Fete. Zu einer Fete brauche ich einen Raum, brauche ich Musik, brauche ich etwas zu Essen und zu Trinken und natürlich die Gäste. Zu einem Fest brauche ich noch etwas mehr: Da brauche ich die Überlegung: Was werde ich mit meinen Gästen anfangen? Wie werde ich sie durch den Abend führen? Es ist ein Mehraufwand, und jeder, der es schon einmal gemacht hat, der damit eine Fete zum Fest gemacht hat, der weiß: Es war zwar anstrengend, aber es war viel schöner, als wenn wir nur einfach so zusammengesessen hätten. Die Mühe hat sich gelohnt, und vielleicht ist auch von den Freunden das Wort „Danke" gekommen und wird auch heute von den Verwandten und Bekannten, die diese Feier, dieses Fest erleben, euch gesagt werden.
Was das Mehr für einen Christen bedeutet, möchte ich anschließen: Das Mehr ist für mich „Gott", von dem ich sage: Er hat keine Grenzen. Und alles, was Christen schaffen, sollte eigentlich etwas von diesem grenzenlosen Gott erzählen.
Wir stehen hier in einer großen Halle – der Domhalle. Sie ist größer gebaut, als es eigentlich notwendig wäre, um die heutigen vierhundert Gäste aufzunehmen. Und man hat diesen Mehraufwand sich geleistet, um zu sagen: Gott ist größer als das, was wir bisher kennen.
Oder wir haben die große Orgel hier in diesen Raum eingebaut – 4750 Pfeifen, 63 Register. Sie ist, wenn sie richtig loslegt, ganz schön laut. Sie soll zum Lob Gottes beitragen. Sie soll helfen, dass die Gedanken der Menschen sich über die bisherige Erfahrung hinaus weiten.
Und hier hinten steht hinter mir die Osterkerze, das Symbol, das in der Osterzeit in einer Kirche brennt. Darauf sehen wir ein Kreuz, das an das Sterben erinnert. Aber dieses Kreuz wird von Innen her beleuchtet durch die Kerze. Und deswegen ist es für uns ein Hoffnungssymbol. Wir glauben, dass es über den Tod hinaus etwas zu erwarten gibt. Die große Freude des Lebens mit Gott.
Kerzen brennen heute auch hier auf der Altarinsel. Und sie sollen ebenso etwas ausdrücken von dieser Sehnsucht nach der Zukunft, nach dem Mehr, was ich erhoffe. Und es könnte sein – so wünsche ich es den Jugendlichen –, dass sie es erleben im Engagement für Menschen, die hilfsbedürftig sind: Vielleicht für die eigenen Kinder, für kranke Eltern und Großeltern, aber auch für

andere, die ihnen jetzt noch gar nicht bekannt sind. Oder dass es sich zeigt in der Freude über ein gelungenes Fest. Oder dass es sich zeigt, wenn sie erleben dürfen, dass Menschen trotz mancher Traurigkeit dennoch die Hoffnung nicht aufgeben.
Und so wünsche ich, dass euch solche Erfahrungen ermutigen zu dieser Zuversicht, dass es im Leben noch mehr als alles geben muss.

Reinhard Hauke

3. Verlobung

MIT GOTTES SCHÜTZENDEM ENGEL AUF DEM WEG

Zielsatz: Wir können einander Engel Gottes auf unserem Lebensweg sein.

Vorbemerkung: Es kann aus sehr unterschiedlichen Gründen geschehen, dass ein Paar um den Segen Gottes aus Anlass der Verlobung bittet.
In der vorliegenden Predigtskizze geht es um ein Paar, das aus sehr schwierigen Situationen kommend, eher pessimistisch eingestellt ist und nicht mehr recht an lebenslange Liebe und Treue glauben kann, aber trotzdem aus religiöser Überzeugung und unter einem gewissen Druck der Umgebung nach innen und außen ein Zeichen setzen will.
In dieser Situation schien mir der Aufbruch des jungen Tobias ein sehr passender *Text* zu sein: Tob 5, 1–17.

Die Vergangenheit – eine schmerzhafte Mitgift

Liebe N., lieber N.,

ihr habt in eurem Leben bereits Schweres und Schmerzliches erleben müssen.
Du, liebe N., musstest erleben, dass deine große Liebe zerbrach.
Du, lieber N., hast erleben müssen, dass die Ehe deiner Eltern gescheitert ist, und die Folgen davon haben dein Leben ganz sicher in andere Bahnen gelenkt, als du es dir vorgestellt hattest.
(Die Einleitung muss der konkreten Situation entsprechend angepasst werden.)

Trotz eurer negativen Erfahrungen glaubt ihr beide an die Liebe, hofft ihr darauf, dass treues Zueinander-Stehen und Füreinander-Einstehen kein bloßer Traum ist. Aber ihr wisst auch, besser sicher als manche andere Paare, dass das Gelingen der Beziehung keinem Paar in den Schoß fällt. Und ich kann eure Sorgen und Ängste noch besser verstehen nach den Gesprächen, die wir miteinander geführt haben.
So ist euer Entschluss, euch heute hier in unserer Pfarrkirche im kleinsten

Kreise zu verloben, sicherlich der richtige Weg: Ihr zeigt einander, dass ihr es ernst meint. Zugleich wird euch und uns allen deutlich, dass es erst ein kleiner Schritt auf dem langen Weg ist, den ihr miteinander gehen wollt.
Für diesen Schritt und euren weiteren Weg wollen wir Gottes Segen erbitten und uns seiner erbarmenden und helfenden Liebe anvertrauen.
Aus der Bibel habe ich für heute einen Text ausgesucht, in dem auch von Vorbereitungen für einen gemeinsamen Weg die Rede ist: Lesung von Tob 5, 1–17: Die ganze Geschichte des Buches Tobit ist eine spannende Story, die ihr einmal in Ruhe lesen solltet: Vater Tobit erwartet sein baldiges Ende, er ist alt und blind. In einer fernen Stadt lebt ein Mann, dem Tobit früher einmal Geld geliehen hatte. Ehe er stirbt, will er diese Sache in Ordnung gebracht wissen. Nicht weil er ein Geizkragen ist, sondern weil er seinem Schuldner die Gelegenheit geben möchte, die Schuld abzutragen.
So erhält sein Sohn Tobias den Auftrag, sich auf die Reise zu machen, um das Geld abzuholen.

Gott führt unerkannt – auch bei einem banalen Anlass

Eigentlich ein ganz banaler Anlass für eine Reise, diese Reise soll aber zur entscheidenden Wende im Leben des Tobias werden. Hier wird für den Leser (Hörer) schon Gottes Führung deutlich: Gott schickt dem Tobias einen Engel, den Rafael, sozusagen über den Weg. Der junge Tobias merkt nichts von Gottes Eingreifen, aber er freut sich über den Reisegefährten und dessen Bereitschaft, ihm zu helfen und mitzugehen.
Warum bleibt der Engel, der Bote Gottes, inkognito? Ich denke, weil Gott behutsam mit uns umgeht. Wir sollen ja nicht durch Gottes plötzliches Auftauchen erschreckt werden. Es reicht, wenn einer mit uns geht. Und so gilt umgekehrt: In guter Begleitung eines Menschen erfahren wir Gottes Führung.
So dürft auch ihr auf Gottes Wegbegleitung und Führung vertrauen. Mehr noch: Ihr könnt einander Boten Gottes sein, Engel der Liebe Gottes. Ihr dürft einander zeigen, dass das „Leben weitergeht“ – so wie es im Lied heißt: „Welcher Engel wird uns sagen, dass das Leben weitergeht“ (Halleluja 66). In der zaghaften wie in der stürmischen Liebe, in der ängstlichen wie vertrauensvollen Zuwendung zueinander könnt ihr immer wieder etwas von Gottes großer, unfassbarer Liebe zu euch spüren und euch gegenseitig erfahrbar machen.

Gottvertrauen vom Engel lernen

Sicher: Die Wege des Lebens sind so vielfältig, so undurchsichtig, so wenig vorhersehbar, dass keiner sie kennen kann. Darum ist eines auf den Wegen des

Lebens wichtig – eines, das so ein Engel automatisch hat: Es ist die innere Gewissheit, das Ziel zu erreichen. Diese Gewissheit kann uns Menschen nur aus dem Vertrauen auf Gott erwachsen.
So sind wir gerufen, uns gegenseitig im Gottvertrauen zu bestärken und dabei kann uns die Geschichte des Buches Tobit sehr helfen. Auch Tobit und Tobias, seine spätere Frau und ihr Vater müssen erfahren, dass Gott nicht immer so handelt, wie wir uns das wünschen. Gott führt uns nicht immer die Wege, die wir uns erträumen. Aber er führt uns immer die Wege, die in *seinen* Augen gut für uns sind.

Gott in menschlicher Liebe erfahren

Diese Zuversicht hatte Rafael als Engel sozusagen von alleine, wir Menschen müssen um diese Zuversicht, dieses Gottvertrauen ringen. Darum ist es gut, über unsere Glaubenserfahrungen zu reden, unser Leben im Licht des Glaubens zu bedenken und im Gebet vor Gott zu bringen. Genauso wichtig ist es aber auch, dass wir tragfähige und hilfreiche menschliche Zuwendung und Liebe erfahren, die uns die dahinter stehende göttliche Liebe erahnen und durchscheinen lässt. Ohne dass dabei alle menschliche Liebe auch nur ein Quentchen an Wert verlöre – im Gegenteil.

Liebe N., lieber N.,

ich wünsche euch für euren weiteren gemeinsamen Weg, dass ihr einander Engel sein könnt, Boten der Liebe Gottes und seines Mitgehens:

- Nehmt darum mutig miteinander alles in Angriff, was vor euch liegt, was an Aufgaben und Möglichkeiten auf euch zukommt.
- Vertraut auf Gottes Führung, gerade dort, wo es anders kommt, als ihr es erwartet oder erträumt.
- Habt Geduld miteinander, gebt euch Zeit: Ihr werdet nicht immer dasselbe Marschtempo haben …
- Achtet auf die kleinen Zeichen der Liebe: erkennt sie beim anderen, bemüht euch selber darum – nur so kann die Liebe wachsen!

Geht nun gemeinsam euren Weg mit Gottes Segen: So Gott will, werden wir dann – früher oder später – weiter miteinander im Buch Tobit lesen können.

(Als *Fürbitten* können die Bitten aus dem Benediktionale [Freiburg 1979] S. 248 verwendet werden.)

Hans-Thomas Patek

4. Aussegnung eines Verstorbenen

EIN LICHT AUF DEM WEG ZU GOTT

Vorbemerkung: Ich arbeite als Seelsorger im Johannes-Hospiz in Münster, einem Haus für die Pflege von acht schwerstkranken und sterbenden Menschen. Wenn bei uns im Hospiz ein Mensch stirbt, was etwa einmal pro Woche geschieht, dann ist es uns wichtig, dass wir uns von dem Toten verabschieden können, bevor er das Haus verlässt.
Für diese Verabschiedungsfeier hat sich folgendes Ritual herausgebildet:
Die Verabschiedung findet im Zimmer des Verstorbenen am nächsten Mittag vor der Übergabe von der Frühschicht zur Spätschicht statt. Neben den Mitarbeitern werden auch die engsten Angehörigen oder Freunde des Verstorbenen eingeladen. Der Tote liegt aufgebahrt in seinem Bett. Im Zimmer brennt eine Osterkerze.
Wenn wir das Zimmer betreten, hören wir ein Musikstück, oft ein Lieblingsstück des Verstorbenen. Jeder der Anwesenden bekommt ein Teelicht, das wir in aller Ruhe nacheinander an der Osterkerze anzünden. Das kann in aller Stille geschehen, oder indem wir persönliche Erinnerungen an den Verstorbenen und Dinge, die uns in der gemeinsamen Zeit besonders wichtig geworden sind, laut aussprechen. Dieses Sich-Erinnern und Erzählen geschieht in der Regel in der direkten Ansprache an den Verstorbenen. Anschließend beten wir, wo es passend ist, als Abschluss der Verabschiedungsfeier ein Vaterunser miteinander.
Im Folgenden möchte ich zwei Beispiele für solche ‚Kurzansprachen' geben, die ich im Rahmen einer Verabschiedungsfeier eingebettet in die Worte der anderen Mitarbeiter und der Angehörigen gehalten habe:

Ansprache

Herr S., ich möchte dieses Licht anzünden mit der Bitte, dass es Ihnen auf Ihrem Weg zu Gott leuchten möge.
Vier Wochen durften wir Ihren Weg hier im Hospiz mitgehen. Wir haben uns oft gesehen, aber gar nicht so viel miteinander geredet. Ich glaube, Sie waren kein Mann der großen Worte, vieles haben Sie ohne viele Worte mitgeteilt.
Ich erinnere mich besonders an eine Kommunionfeier hier im Zimmer vor etwa einer Woche. Ich habe Sie gefragt: ‚Herr S., wofür sollen wir denn beten?' Und Sie haben geantwortet: ‚Ach, Br. Martin, das wissen Sie doch.' Mehr brauchten Sie nicht zu sagen. Und wir konnten dann ganz unbefangen darum beten, dass Sie bald sterben dürfen, dass Gott Sie bald zu sich holt. Jetzt haben Sie es geschafft, Herr S.
Und ich erinnere mich an das letzte Mal, wo ich vor Ihrem Tod hier im Zimmer war. Das war vorgestern und Ihre Tochter war dabei. Sie haben die Kommunion empfangen und wir haben gebetet. Und ich glaube, wir haben

beide gespürt, wie wichtig Ihnen das war, ohne dass es vieler Worte bedurft hätte.
Herr S., danke für alles, was Sie uns hier geschenkt haben durch Ihre stille und zurückhaltende Art. Ich wünsche Ihnen Gottes Segen und dass sein Licht Ihnen leuchten möge.

Frau S., Sie sind nur kurze Zeit hier gewesen, eine knappe Woche. Sie konnten nicht mehr sprechen und ich habe Sie nur schlafend erlebt.
Ich nehme von Ihnen mit, mit welcher Aufmerksamkeit und Liebe ihr Mann mit Ihnen umgegangen ist. Er hat nie *über* Sie geredet, sondern immer *mit* Ihnen, auch dann, wenn er uns von Ihrem Krankheitsweg erzählt hat. Und einmal hat er einen Satz gesagt, der mich sehr angerührt hat. Es war wie eine Zusammenfassung Ihres Weges miteinander: ‚Wo die Hilflosigkeit am größten ist, da ist auch die Liebe am stärksten.' Dieser Satz wird mich sicher noch lange an Sie erinnern.
Ich bin sicher, dass Sie die Liebe Ihres Mannes bis zum Tod gespürt haben, und ich hoffe, dass auch wir hier im Hospiz Ihnen die Aufmerksamkeit geben konnten, die Ihnen gut getan hat.
Frau S., ich zünde diese Kerze an, damit das Licht Ihnen leuchte, und damit es auch Ihrem Mann leuchte und er neue Kraft für seinen Weg findet. Ich wünsche Ihnen Gottes Segen.

Martin Lütticke

„SIE HAT ES GESCHAFFT“

Situation: dörfliches, katholisches Milieu – Tod einer 85-jährigen Frau, der ich in den letzten eineinhalb Jahren regelmäßig die Krankenkommunion gebracht habe. Einer der drei Söhne, in dessen Haus Frau N. eine kleine Wohnung hatte, und dessen Frau und zwei von ihren Kindern, ihre Tochter und deren Mann sowie zwei Verwandte, die in der Nachbarschaft wohnen, waren anwesend. Frau N. war bis ins Alter von 83 Jahren immer noch auf den Beinen, nahm aber in den letzten zwei Jahren an Kräften immer mehr ab, sodass sie nicht mehr zur Kirche kommen konnte, und musste die letzten beiden Monate intensiv gepflegt werden.

Text: 2 Makk 12, 43–45

Ansprache

In den frühen Stunden des heutigen Morgens ist Ihre Mutter und Oma, Schwiegermutter und Tante verstorben. Sie haben Ihre Mutter und Oma in den letzten Wochen gepflegt und konnten heute Morgen zugegen sein, als Frau N.

verstarb. Nun liegt sie, die so lange mit dem Tod gerungen hat, entspannt und mit Frieden im Gesicht hier in ihrem Bett. Heilig und geheimnisvoll ist der Augenblick, in dem ein Mensch von dieser Erde geht. – Stille –
„Sie hat es geschafft", so sagten Sie mir, als Sie mich vorhin benachrichtigt und gebeten haben, zur Aussegnung von Frau N. in Ihr Haus zu kommen. Nun stehen wir hier und sind berührt von dem Geheimnis des Augenblicks, wo der Tod Ihre Mutter und Oma geholt hat. Wie oft haben Sie sie in Ihren Händen gehalten. Und nun dürfen Sie sie aus den Händen geben, können Sie sie den Händen Gottes überlassen, denen sich Ihre Mutter im Gebet immer wieder auch anvertraut hatte. Und Sie selber können Ihre Hände für ein paar Augenblicke zur Ruhe kommen lassen.
Als ich Ihrer Mutter und Oma das letzte Mal vor vier Tagen die Krankenkommunion gebracht habe, war sie noch gut bei Bewusstsein. Wir haben miteinander die ihr so vertrauten Gebete: das „Vaterunser", das „Gegrüßet seist du, Maria", das „Ehre sei dem Vater" gebetet. Und sie hat mir dann gesagt: „Ach, der liebe Gott hat mich vielleicht vergessen, wenn er mich doch nur holen würde."
Frau N. hat auf den Tod gewartet, aber sie hat nicht nur auf den Tod gewartet, sie hat ihr Leben lang fest geglaubt, dass sie im Tod dem begegnen wird, der sie geschaffen, der sie bei ihrem Namen gerufen hat, der ihren Namen in seine Hand geschrieben hat. Nun wissen wir sie bei dem, an den sie geglaubt, auf den sie gehofft und auf den sie bis ans Ende vertraut hat. Nun können wir sie in Frieden bei ihrem und unserem Gott lassen.
Wir stehen um ihren Leib, in dem sie auf dieser Erde lebendig war. Mit Ehrfurcht segnen wir diesen Leib, bevor er nachher aus Ihrem Haus getragen wird. Gott, der alles Begreifen übersteigt, möge Frau N. in das Land des Lichtes, der Verheißung und des Friedens führen und auch Sie mit seinem reichen Segen und weiten Frieden erfüllen.
Im Namen des Vaters (†) und des Sohnes und des Heiligen Geistes. Amen. (Der tote Leib von Frau N. wird gesegnet, die Hinterbliebenen werden gesegnet.)
Lasst uns nun noch einmal gemeinsam die Gebete sprechen, die Sie in der letzten Zeit so oft mit ihr gebetet haben. Vater unser. – Gegrüßet seist du, Maria.
Herr, gib ihr die ewige Ruhe! Und das ewige Licht leuchte ihr. Lass sie ruhen in Frieden. Amen.

Franz Richardt

MIT ALLEN SINNEN ABSCHIED NEHMEN

Vorbemerkung: In der Begleitung von Sterbenden und angesichts eines toten Menschen kann einem das Predigen vergehen. Eher ist Verstummen angesagt, sprachlose Präsenz mit den Angehörigen und für sie. Statt einer Predigt skizziere ich also eine Segnungsfeier, wie ich sie in der Krankenhausseelsorge und in der Gemeinde entwickelt habe.

Zunächst zwei Momentaufnahmen

Im Krankenzimmer ist soeben eine Frau verstorben. Die Angehörigen werden gebeten, für einen Moment das Zimmer zu verlassen, damit die Krankenschwestern der Verstorbenen die Infusionen und Kanülen entfernen können. Die Tochter bat, dabeibleiben zu dürfen, was ihr selbstverständlich gewährt wurde. Sie fragt die Schwester: „Gibt es denn nichts, was man noch machen kann?" Nachdem die Mutter zum letzten Mal gebettet worden war, konnten die Angehörigen wieder in das Zimmer, um Abschied zu nehmen.
Eine zweite Szene: Das Telefon klingelt im Büro der Pfarrgemeinde: „Unser Vater ist eingeschlafen – wir sind alle hier. Der Arzt war auch schon da, und der Mann vom Beerdigungsinstitut kommt in einer Stunde. Unsere Mutter sagt ständig: ‚Wir können ihn doch nicht einfach so aus dem Haus bringen lassen!' Wäre es Ihnen möglich, noch einmal vorbeizukommen – bevor sie ihn von zu Hause abholen."

1. Annäherungen

Nicht selten also fragen Angehörige in solchen Augenblicken: „Ist denn niemand da? Kann man denn gar nichts mehr machen?..." In diesen für Angehörige und Nahestehende schwierigen Lebenssituationen ist es gut, wenn jemand von außen dazu kommen kann – eine Frau oder ein Mann, die nicht zur Familie gehören, zwar durchaus berührt, aber vom Tode des Verstorbenen nicht direkt betroffen. Die meisten Angehörigen sind so sehr mit dem persönlichen Verlustschmerz konfrontiert, dass sie mit einer selbst gestalteten und alle verbindenden Abschiedshandlung in der Regel schlicht überfordert wären. Eine außenstehende Person hinzuzurufen ist auch darin begründet, dass die nächsten Angehörigen der Verstorbenen durch diesen Tod buchstäblich aus ihren Rollen fallen: die Ehefrau z. B. ist nicht mehr Ehefrau, sondern Witwe; der Sohn nicht mehr der Sohn, sondern *Halbwaise*... Zwar ist das den Hinterbliebenen jetzt noch nicht bewusst, aber intuitiv spüren sie, dass die bisherige Ordnung durcheinandergeraten ist,

damit ist unklar, wer jetzt in der Familie befugt ist, einen so wichtigen „Dienst" zu übernehmen. Das muss nicht unbedingt ein Seelsorger oder eine Seelsorgerin sein; hier hätten auch Freunde, Nachbarn, ehrenamtliche Mitarbeiter eine wichtige Funktion.
Wenn ich als Seelsorgerin zu einem solchen Dienst gerufen werde, dann verstehe ich mich als „Hüterin einer Ordnung", die regelt, was jetzt (wie) getan werden kann, was jetzt den ersten Schritt des Abschieds ermöglicht und begleitet. Den Verstorbenen aus dem Haus tragen oder aus dem Krankenzimmer fahren ist der Beginn einer intensiven, schmerzvollen Abschiedszeit – vor allem bis zum Beerdigungstage und meist darüber hinaus.
Im Laufe meiner Praxis habe ich für solche Situationen ein Segens-Ritual entwickelt. Das lässt sich freilich kaum festschreiben, weil keine Abschiedsstunde im Sterbezimmer der anderen gleicht. Aber gut ist es für mich, eine Art Gerüst zu haben, um diese kostbaren Minuten für Angehörige entsprechend begleiten zu können.
Der erste Schritt heißt: innere Ruhe und Festigkeit mitbringen. Es soll spürbar werden, dass ich diesen Augenblick jetzt mit ihnen gestalte und ihnen den sehnlichen Wunsch erfülle, dass „doch noch etwas getan werden muss".
Ich frage die Anwesenden, ob sie einverstanden sind, wenn wir eine kleine Segnungsfeier halten. Meistens kommt ein zustimmendes Nicken. Je nach Bereitschaft und Kenntnis beziehe ich die Anwesenden in das Ritual mit ein. Ich lade die Anwesenden (auch die Kinder) ein, sich um das Bett des Verstorbenen zu versammeln. Aufregung, Unruhe, Trauer, hektisches Tun haben den Raum ziemlich aufgeladen. Damit Ruhe einkehren kann, beginne ich mit der Gestaltung des äußeren Rahmens, die Kerze wird angezündet (evtl. von einem anwesenden Kind), wenn noch keine brennt, das Kreuz aufgestellt, Weihwasser in Reichweite gestellt … (Die notwendigen Utensilien wie Kerze, Kreuz, Weihwasser, Bibel, Gotteslob, Streichhölzer habe ich bei mir.)
In der Regel bewirkt schon dieses achtsame Tun, dass die Angehörigen langsam ruhiger werden und wieder durchatmen.

2. Der Ritus

Mit einer Einladung zum meditativen Gebet eröffne ich die Segnungsfeier: Wir sind um das Bett unseres verstorbenen N. N. versammelt und müssen von ihm Abschied nehmen. Wir wollen beten.
Unfassbarer Gott, wir können noch nicht glauben, dass unser N. N. nicht mehr atmet. Es fällt uns unendlich schwer, ihn loszulassen und uns zu verabschieden. So viel verbindet uns mit ihm, mit seinem Leib und seinem Leben.

Sei uns und ihm in dieser schweren Stunde nahe. Darum bitten wir dich im Namen Jesu, des Gekreuzigten und Auferweckten. Amen!

Mit seinem Leib und seinem Leben ist er uns nahe. Mit allen Sinnen also müssen wir Abschied nehmen.

Seine Füße und Beine haben ihn ... Jahre getragen; wie viele Wege sind sie gegangen; jetzt sind sie ohne Kraft und ohne Leben. *(Die Beine berühren.)*

Seine Hände, mit denen er gearbeitet, gestreichelt, geschlagen und gespielt hat, ruhen nun still und leer auf der Bettdecke. Sie können sich nicht mehr von allein öffnen, um zu nehmen und zu geben. *(Die Hände berühren und das Kreuz in sie legen.)*

Kein Lachen, Sprechen, Singen, Schimpfen, Küssen und Beten aus seinem Mund und mit seinem Mund – stumm ist er für immer. *(Den Mund schließen, wenn noch nicht geschehen.)*

Seine Ohren hören keine Musik mehr, er hat sie so geliebt. Unser Sprechen und Rufen erreicht ihn nicht mehr; seine Augen sehen die Schönheit und den Dreck dieser Welt nicht mehr, sie lesen keine Zeitung mehr und schauen uns nicht entgegen, wenn wir heimkommen. *(Die Ohren berühren und die Augen schließen, falls dies noch nicht geschehen.)*

Der Körper, in dem er gelebt hat, ist hier noch gegenwärtig. Dadurch ist er uns ganz nah, aber wir wissen schon, dass er gleich in einen Sarg gebettet und für immer aus dem Haus getragen wird. Das tut weh, wir können noch nicht fassen, dass es so ist.

Liebe Angehörige, bevor ihr Mann, ihr Vater ... in den Sarg gebettet wird, lade ich sie ein, ihm ein Abschiedswort zu sagen oder sonst ein Zeichen zu geben, z. B. in Gestalt von Blumen, einem kleinen Geschenk oder sonst einer Geste.

Nach dieser meist sehr bewegenden Phase spreche ich einen Psalm (z. B. den Psalm 90), oder wir beten das Vaterunser. Danach lade ich zum Segensgebet ein. Wir wollen um den Segen für unseren Verstorbenen bitten.

Gott, unfassbar und doch uns nahe im Leben und im Sterben, wir bitten dich: komm du unserem Verstorbenen entgegen wie ein barmherziger Vater und eine liebende Mutter; nimm ihn an mit allem, was er mitbringt. Lass erfahren, dass er bei dir mit allem willkommen ist. Vollende an ihm, was noch unfertig ist; heile an ihm, was verwundet ist und schenke ihm deinen Frieden, denn er hat auf dich vertraut und an dich geglaubt. Amen.

Für seinen toten Körper und für seinen Übergang zum Leben schaffenden Gott bitten wir nun um Segen und Heil. Ich besprenge den Verstorbenen mit Weihwasser und bete: Vollende du an ihm, was er in der Taufe begonnen und was sein irdisches Leben geprägt hat.

Dann folgt ein Segensgebet. Ich lege dem Verstorbenen meine Hand auf die Stirn und spreche: Gott, unser Vater und unsere Mutter, segne unseren lieben Verstor-

benen und zeige ihm dein Angesicht, schenke ihm Ansehen und Anerkennung durch Christus, seinen und unseren Bruder, der ihm vorausgegangen ist. Darum bitten wir dich im Namen des Vaters und des Sohnes und des Heiligen Geistes.
Im Anschluss daran schlage ich den Anwesenden vor, nun ihrerseits den Verstorbenen zu segnen und ihm ein Kreuz auf die Stirn zu zeichnen – wie bei der Taufe.
Die Segensfeier schließt mit einem gemeinsamen Gebet (z. B. Vaterunser oder Gegrüßet seist du, Maria) und dem Segen für die Hinterbliebenen.
Der lebendige und treue Gott stärke und behüte alle Menschen und alle Kreatur, besonders die Angehörigen für die nächsten schweren Tage. Er schenke ihnen Vertrauen und die Gewissheit, dass ihr lieber Verstorbener bei Ihm eine neue Heimat gefunden hat. So segne uns und alle, die um N. N. trauern, der gütige Gott, der Vater, der Sohn und der Heilige Geist. Amen.

Ingrid Reckziegel

5. Tischsegen

EIN BRAUCH, DER GUT TUT: DER TÄGLICHE KLEINE ERNTEDANK!

Ziel und Situation: Die Predigt möchte Sinn und Nutzen des Tischgebets einsichtig machen und dadurch anregen, diesen Brauch bewusster zu pflegen, weil er uns gut tut, weil wir ihn brauchen.
Die Predigt ist durch Anfang und Schluss auf das Erntedankfest bezogen. Sie ist aber in situativer Abwandlung auch für thematische Gottesdienste geeignet, etwa innerhalb einer Predigtreihe oder im Rahmen der Firmvorbereitung exemplarisch zum Thema „Beten“.
Die fiktive, aber „wahre“ Rahmenhandlung entstammt der Lebenswelt des Verfassers, muss aber um einer authentischen Verkündigung willen einer je anderen Lebenssituation angepasst werden (z. B. als Besuch bei einer Familie oder bei einem Wochenende mit Jugendlichen).

Gott danken für die Nahrung

Erntedank – das ist heutzutage kein selbstverständliches und auch kein ganz einfaches Fest. Wo hat es noch einen sinnvollen Platz in unserer Gesellschaft und in unserem Leben? Das Erntedankfest teilt sein Schicksal mit einem

Brauch, der vor wenigen Jahrzehnten vor allem im ländlichen Bereich selbstverständlich war: der Tischsegen, das Gebet zum Essen. Am Tischgebet, diesem täglichen „kleinen Erntedank“, ist mir etwas aufgegangen vom Sinn und Nutzen dieses Brauches, Gott für die Ernte, die Nahrung, die Lebensmittel zu preisen und um seinen Segen zu bitten.

Ein frag-würdiger Brauch

Der älteste Sohn – kein Kind mehr, gerade auf dem Weg zum Jugendlichen – darf einen Schulfreund zum Essen mitbringen. Als alle am Tisch sitzen, sprechen wir wie gewohnt ein Tischgebet, eines der bei uns üblichen Tischgebete: „Komm, Herr Jesus, sei unser Gast und segne, was du uns bescheret hast“, „Alle guten Gaben …“, „O Gott, von dem wir alles haben …“ Unser Gast schaut verwundert, er scheint das nicht gewohnt zu sein. Schon nach dem ersten Bissen rückt er damit heraus: „Bei uns zu Hause gibt es das nicht, zum Essen beten. Warum macht ihr das?“ Jetzt schaut auch unser Sohn interessiert auf; es ist wohl auch seine Frage an eine bisher unbefragte Gewohnheit der Familie.
Ich kann nicht gleich antworten, nicht nur, weil ich gerade den Mund voll habe. So genau habe ich darüber auch noch nicht nachgedacht. Und so schnell fällt mir auch nur eine zwar richtige, aber doch recht allgemeine Antwort ein: „Weil ich daran glaube, dass mein Leben von Gott kommt, und dafür möchte ich ihm danken.“

Ein Stück Tischkultur

Ich möchte auch nicht gleich antworten. Denn mich interessiert, wie ein Gast, sozusagen von außen, unseren „Familienstil“ erlebt. So frage ich zurück: „Ich möchte zuerst gern hören, wie du das jetzt gefunden hast mit dem Beten.“ Er überlegt: „Zuerst dachte ich: Warum darf ich nicht gleich anfangen? Das Essen schaut so lecker aus und riecht schon so gut. Aber dann fand ich es ganz schön, dass sich nicht jeder einfach über seinen Teller hermacht. Wir haben miteinander angefangen, und jetzt ist es auch mehr ein ‚Miteinander essen‘.“ Hier mischt sich unser Sohn ein: „Das gefällt mir auch gut bei uns, dass wir so richtig ‚miteinander essen‘. Aber da könnten wir auch was anderes sagen oder tun vor dem Essen. Warum muss es dann gerade so was Frommes sein, ein Gebet?“ Ich habe es nicht so gern, beim Essen über Fragen zu reden, die meine Aufmerksamkeit zu stark fordern. Ich möchte lieber die Speisen genießen bei lockerem Gespräch. So rege ich an, es sich erst einmal richtig schmecken zu lassen und danach über das Tischgebet zu reden.

Ein unzeitgemäßer Brauch?

Damit habe ich ein wenig Zeit gewonnen, meine Gedanken in mir hin und her gehen zu lassen. Da war doch heute in den Nachrichten und Schlagzeilen wieder ein Lebensmittelskandal. Man weiß bald nicht mehr, was man guten Gewissens noch essen und gar den Kindern auftischen kann. Dabei versuchen wir schon seit Jahren, uns bewusst und gesund zu ernähren. Doch die Situation scheint für uns Verbraucher immer schwieriger zu werden. Vielleicht sind wir auch vorsichtiger, misstrauischer und wacher geworden, nicht zuletzt durch die breite und geschärfte Aufmerksamkeit, die dieser Bereich in den Medien erfährt.

Aber warum fällt mir das zum Thema „Tischgebet" ein? Gott danken für das Essen – damit bekenne ich, dass wir Gott unsere Nahrung verdanken. Doch dieses Bekenntnis legt sich quer zu dem, was ich erlebe. Die meisten Lebensmittel, die ich kaufe, sind verpackt und verschweißt. Auf der Packung lese ich die Liste der Zutaten, Farb- und Konservierungsmittel. Lebensmittel, so erlebe ich es, werden von Menschen hergestellt, in Betrieben und Produktionsstätten. Aber da ist doch noch all das, was heranreift und wächst auf Feld und Acker, Stall und Wiese: Obst, Gemüse, Getreide, Fleisch. Auch da ist man längst nicht mehr angewiesen auf die Natur, man kann eingreifen und steuern mit Chemie und Technik, je nach Verbraucherwunsch und Marktlage. Auch da redet man längst von Herstellung und Produktion.

Eine not-wendige Anfrage

Wem verdanken wir unsere Nahrung? Die Meinung drängt sich heutzutage auf: Wir verdanken unsere Nahrung dem Können und der Arbeit von Menschen, wir verdanken unsere Nahrung der „Lebensmittelindustrie". Ich werde den Verdacht nicht los, dass es einen unmittelbaren Zusammenhang gibt zwischen dieser Meinung, die naheliegend und weit verbreitet ist, und der immer größeren Verunsicherung und Angst in diesem Bereich, die leider allzu oft begründet ist. Wo Menschen meinen, Lebensmittel allein aus eigenem Können machen zu müssen, wird vieles machbar. Dann sind aber oft andere Interessen im Spiel als die Sorge um eine gute Ernährung.

Dieser Meinung möchte ich ganz entschieden und bewusst entgegenhalten: Wir verdanken unsere Nahrung Gott. Er hat alles geschaffen, er lässt wachsen und reifen. Wir Menschen sind Verwalter seiner Schöpfung, Verwalter seiner Lebensmittel, Verwalter, die achtungsvoll und sorgsam damit umgehen, gerecht aufteilen und dankbar genießen. Auch diese Einstellung wirkt sich aus auf die Qualität unserer Nahrung, und zwar positiv. Diesen Glauben möchte ich mit dem Tischgebet ausdrücken und wachhalten.

Ein menschenfreundlicher Brauch

Ob ich solche Gedanken der „Jugend" am Tisch verständlich machen kann? Ich werde es versuchen, gleich jetzt am Ende des Essens. Es hat allen gut geschmeckt, auch mir – bei all dem, was mich beschäftigt hat. Unser Gast äußert seinen Dank für das Essen besonders charmant: „Ein Lob für die Küche!", sagt er. Wir müssen alle lachen. Das gibt noch einmal Gesprächsstoff. Bei allem Grund, Gott zu danken – wo denken wir in unseren Tischgebeten an die Menschen, die mit ihrer Arbeit, ihrem Können und ihrer Mühe mitgeholfen haben, dass wir gut zu essen haben? Wo bleibt bei allem Dank an Gott der Dank an die „guten Verwalter" der Gaben Gottes?
Seitdem nehme ich zum Tischsegen gerne Worte, die gläubige Juden, unter ihnen auch Jesus, seit alters her als Lobpreis zum Essen sprechen, Worte, die auch der Priester in jeder Messfeier betet: „Gepriesen bist du, Herr, unser Gott, Schöpfer der Welt. Du schenkst uns dieses Essen, die Frucht der Erde und der menschlichen Arbeit." Und alle am Tisch können einstimmen: „Gepriesen bist du in Ewigkeit, Herr, unser Gott."

Uns zum Segen

Einmal im Jahr feiern wir ausdrücklich Erntedank und preisen Gott für die Früchte der Erde und der menschlichen Arbeit. Es ist nur richtig und gut, jeden Tag im Tischgebet Gott zu preisen für die Früchte der Erde und der menschlichen Arbeit, für das Leben und die Lebensmittel, die er uns schenkt. Denn, wie es in einem Gottesdienst heißt: „Unser Lobpreis kann deine Größe nicht mehren, doch uns bringt er Segen und Heil" (Präfation für Wochentage IV).

Gerhard Schober

6. Brotsegnung

DASS DIE SPEIS' UNS NICHT GEREUE

Anlass: Die BSE-Krise und die Angst vor den Lebensmitteln, die Not, in die wir mit unserer Nahrung geraten sind: „So geht es nicht weiter, aber wie dann!" Gegen die Hiobsbotschaften der Medien und den Aktionismus der Regierungen ein Innehalten setzen. In auswegloser Situation sich dem Segen Gottes zusagen lassen über uns Menschen und unser tägliches Brot. Die Predigt ist innerhalb einer Gebetsstunde gedacht, wie sie immer schon gehalten wurden, wenn Dürre, Seuchen oder eine andere Not die Menschen bedrohte.

Die Kreuzersemmel

Wenn ein Kirchenbesucher vor zweihundert Jahren durch das Portal der Burghauser Spitalkirche trat, musste sein Blick eine kleine rote Marmortafel zu seiner Linken streifen. Vielleicht ist er einmal stehen geblieben, um das merkwürdige Relief zu betrachten und die dazugehörige Inschrift zu entziffern: „Angedengkn der Theuerung und Grese des Kreutzer Prods." Darüber die Darstellung einer Semmel und eines Spitzweckens. Möglicherweise steckte sie dem Kirchgänger selbst noch in den Gliedern, die Hungersnot der Jahre 1771 und 1772, zu deren Erinnerung man die Tafel am Eingang der Kirche befestigt hatte: als das Brot so knapp geworden war, dass man ihm ein Denkmal errichtete. Von da an musste jeder, der in diese Kirche hineinging, an der Not vorbei, ob er sie bemerkte oder nicht.
Das alte Portal im Turm wird längst nicht mehr benutzt; wenige kennen die unscheinbare „Kreuzersemmel". Die Leute heute kommen durch eine andere Tür herein, dem früheren Eingang direkt gegenüber gelegen. Und sie bringen eine andere Not mit, der ursprünglichen ebenfalls ganz entgegengesetzt. Scheinbar jedenfalls.

Der verlorene Segen

Dem Brot ist der Segen abhanden gekommen. Am täglichen Brot mangelt es nicht, zumindest nicht in unserem Land. Aber wir haben das Vertrauen verloren in die Lebensmittel, die wir im Übermaß kaufen können. Die Menschen ängstigen sich vor dem, was sie zu sich nehmen. Und es scheint, als wollte sich die Wahrheit des alten Liedes auf eine bisher unerhörte Weise bestätigen: „Gott geb uns allen seiner Gnade Segen, / dass wir gehn auf seinen Wegen / in rechter Lieb und brüderlicher Treue, / dass die Speis uns nicht gereue" (GL 494,3). Gewiss dachte *Martin Luther* an das Brot der Eucharistie, als er diese Worte schrieb. Und die Christen, die dieses Lied in fünf Jahrhunderten gesungen haben, wussten wohl, dass zum Essen die Liebe gehört und die Brüderlichkeit, der geschwisterliche Umgang miteinander. Zum täglichen ebenso wie zum sonntäglichen Brot.

Das verdorbene Brot

„Oder ist einer unter euch, der seinem Sohn einen Stein gibt, wenn er um Brot bittet, oder eine Schlange, wenn er um einen Fisch bittet?" (Mt 7, 9–10), fragt

Jesus die Menschen, die von ihm wissen wollen, wie sie leben sollen. Er geht davon aus, dass sie, die sie böse sind, wie es im Evangelium heißt, ihren Kindern doch nur Gutes geben. Wir müssen feststellen, dass das am Beginn des dritten Jahrtausends offenbar nicht mehr der Fall ist. Wer weiß, ob er nicht doch einen Stein erhält, wenn er nach Brot fragt, oder eine Schlange für einen Fisch. Im Bild gesprochen. Wer weiß, ob das Fleisch, das wir essen, am Ende nicht Krankheit und Tod über uns bringt? Viele denken bangen Herzens an das Unheil, das sie vielleicht schon in ihrem eigenen Leib tragen, und es gereut sie die Speise, die sie zu sich genommen und ihren Kindern gegeben haben. Es lässt sich nicht mehr viel Gutes sagen über unser tägliches Brot; *bene-dicere* hieße das, segnen. Sind wir nicht längst wie jene, „denen vor jeder Speise ekelte, die nahe waren den Pforten des Todes" (Ps 107, 18), wie es in einem Psalm heißt?
Sicher ist, dass wir über die Speise in eine lange Notgeschichte eingetreten sind. Denn essen muss der Mensch. Vom ersten Moment seines Daseins an ist er auf Nahrung aus und muss nehmen, was die Welt ihm bietet. Auf Gedeih und Verderb liefert er sich aus und erfährt dabei, dass nichts unschuldig ist, was aus seiner eigenen Hand hervorgeht, nicht einmal die Nahrung, das tägliche Brot. Von uns selbst können wir den Segen also nicht erwarten, und Menschen, die ihre Welt mit wachen und nüchternen Augen anschauen, haben dies auch nie getan. Sie haben die Not beim Namen genannt, im Psalm, im Evangelium, im Lied, auf einer Marmortafel. Sie konnten dies tun, weil sie wussten, dass damit nicht das letzte Wort gesprochen war. Viel Furchtbares lässt sich über die Welt sagen, aber verfluchen, *maledicere*, muss man sie deswegen nicht. Denn es gibt noch eine andere, dritte Möglichkeit: dass wir unser Brot und unsere Not ins Gebet nehmen – wie jene, „die in ihrer Bedrängnis schrien zum Herrn, die er ihren Ängsten entriss, denen er sein Wort sandte, die er heilte und vom Verderben befreite" (Ps 107, 19–20), wie der Psalm weiß.

Das gebrochene Brot

„Da hilft nur Beten", haben Leute in auswegloser Lage immer wieder gesagt. Das ist mehr als ein frommer Spruch; es ist ein mächtiges Wort. Weil der Vater im Himmel denen Gutes gibt, die ihn bitten. Der dies gesagt hat, Jesus, lässt sich beim Wort nehmen. Deswegen gehen Menschen in Burghausen und anderswo in ihre Kirchen hinein. Sie feiern Eucharistie und lassen sich das Brot brechen. Manchmal kann man es hören, wie der Riss durch dieses Brot läuft. Dann ist es, als würde die harte Schale der Welt aufbrechen und etwas Neues freigeben. Denn über diese Speise wird gesagt, dass sie nicht Unheil birgt, sondern Heilung und Heil. Dass sie die Sehnsucht stillt, dass man ihr trauen darf.

Über dieses Brot wird gesagt, dass in ihm die ganze Liebe Gottes wohnt. In Jesus Christus ist sie den Menschen erschienen. Er hat sich der Welt auf Gedeih und Verderb ausgeliefert. Er hat angenommen, was sie ihm zur Nahrung gab. Damit ist der Tod auch in seinen Leib eingezogen. Er hat die Welt und ihr Brot dennoch nicht verflucht. So ist er zum Segen geworden und zum letzten Wort, das über unser tägliches Brot gesagt werden kann: Segen ist ausgerufen – nicht über einer heilen Welt, sondern über den Brüchen und Rissen des Daseins. Über der Kreuzersemmel ebenso wie über der Speis', die uns gereut. Denn im gebrochenen Brot lässt Gottes Liebe sich finden. Davon leben wir.

Andrea Pichlmeier

7. Segnung eines Hauses

GOTT ALS STÄNDIGER GAST

Vorbemerkung: Ein junges Paar hat sein neues Haus bezogen, zu dessen Erbauung es viel Eigenleistung beigetragen hat. Beide sind kirchlich sozialisiert und die kirchliche Segnung ist ihnen ein auf Tradition beruhendes Bedürfnis. Bei der Hauseinweihungsfeier sind die Eltern des Paares sowie einige Freunde anwesend.

Text: Gen 18, 1–8

Vom Nomaden zum Sesshaften…

Meine lieben, stolzen Hauserbauer, Schwestern und Brüder, es ist schon viele tausend Jahre her, da durchstreiften unsere Vorfahren als Nomaden die Gegend. Sie schlugen ihr Zelt auf, bejagten die Umgebung, ließen ihr Kleinvieh weiden und legten kleine Felder an. Wenn der Ort abgegrast war, das Wild sich zurückgezogen hatte, dann war es auch wieder Zeit, die Zelte abzubrechen und weiterzuziehen, um überleben zu können. Diese Nomadenzeit ist bei uns längst vorbei, der Weg unserer Kultur fand ziemlich schnell das Ziel der Sesshaftigkeit. Schon in der Steinzeit bauten die Menschen in unseren Breiten so genannte Langhäuser, die eine ganze Sippe, mehrere Dutzend Männer, Frauen und Kinder unter ihrem Strohdach aufnahmen. Seitdem gilt das Dach über dem Kopf, die eigenen vier Wände, das Haus als der ganze Stolz einer Familie. Es schafft Sicherheit, es ist ein Ruhepol im Leben, dorthin kann ich mich aus dem Getriebe des Arbeitsalltags zurückziehen, dort darf ich bleiben.

... dieser Traum hat sich erfüllt

Ihr beide, liebe Petra und lieber Josef, habt es geschafft; mit dem Einsatz aller Kräfte finanzieller wie auch körperlicher Art und nicht zu vergessen mit der tatkräftigen Unterstützung eurer Eltern steht jetzt euer ganzer Stolz, das neue Haus. Damit findet das Nomadendasein nach Studentenbude und Mietwohnung ein glückliches Ende. Mit den beiden Kinderzimmern im ersten Stock habt ihr schon euere Sehnsucht nach einer glücklichen Familie mit eingebaut. Das große Esszimmer ist eine offene Einladung an Verwandte und Freunde, hereinzuschauen und euere Gastfreundschaft zu genießen.

Gott soll wohnen bei uns...

Heute ergeht nun die herzliche Einladung an unseren Gott, ebenfalls in dieses Haus einzuziehen, es zu bewohnen. Auch er soll sich wohl fühlen unter eurem Dach. Ihr habt einige Vorbereitungen für ihn getroffen. Das Zeichen seines Sohnes, das Kreuz, hängt an vielen Stellen im Haus, sein Buch, die Bibel, habe ich im Bücherregal gesehen, und beim Esstisch, dem Zentrum eures Hauses, habt ihr einen eigenen Herrgottswinkel eingerichtet mit den Bildern eurer Namenspatrone. Dort werdet ihr wohl auch mit Gott sprechen, ihm danken für seine Wohltaten, ihn bitten um seinen Segen.
Dieser Segen ist sein Gastgeschenk am heutigen Tag. Er soll euer ganzes Haus erfüllen. Nachher gehe ich mit dem Weihwasser von Zimmer zu Zimmer, um überall ein Zeichen seiner heilsamen Gegenwart zu setzen. Weil er in eurem Hause wohnt, bietet es nicht nur Schutz für euren Leib, sondern auch ein Obdach für eure Seele.

.. damit auch die Seele sesshaft werden kann

Viele wohnen in schönen Häusern und sind doch Nomaden. Ihre Seele ist schutzlos dem rauhen Klima unserer Welt ausgeliefert. Sie ist nicht wirklich sesshaft geworden, sondern zieht ruhelos umher, weil sie bei Gott keine Heimat findet.
Euch, liebe Bewohner dieses schönen Hauses, wünsche ich Ruhe und Geborgenheit. Das Haus behüte euren Leib, Gott behüte eure Seele.

Michael Bär

III.

Segnung von öffentlichen und sozialen Einrichtungen

1. Segnung eines Betriebes

NEUE WERTE

Vorbemerkung: Die Predigt wurde aus Anlass der Einweihung eines neuen Werkes gehalten, das Wälz- und Kugellager verschiedenster Art herstellt. Die Eingeladenen sollten an ihre Verantwortung vor Gott und den Menschen erinnert werden, die sie durch ihr wirtschaftliches Planen und Handeln haben.

Text: Ps 14 (nachstehend):

„Wer darf zum Haus Gottes kommen,
wer darf zu Gott beten?
Wer versucht, ohne Schuld über diese Erde zu gehen;
wer tut, was recht ist;
wer sich nicht die Hände schmutzig macht
im Beruf und in der Politik.
Wer so redet, wie er denkt; wer die Wahrheit sucht;
wer seinem Nächsten nichts Böses zufügt
noch ihm Schaden wünscht.
Wer sich vor Vorurteil und übler Nachrede hütet
wer sich seine Freunde nicht sucht im Kreis der Bösen.
Wer zu seinem Wort steht, das er gegeben hat;
wer dem anderen hilft ohne Gewinnsucht;
wer sich nicht bestechen lässt
und mehr tut für den Nächsten als er müsste.
Ja, der kann vor Gott hintreten, um zu beten;
der kann Segen und Heil erwarten vom Herrn.
Ehre sei dem Vater und dem Sohn und dem Heiligen Geist
Wie im Anfang, so auch jetzt und allezeit
und in Ewigkeit. Amen.“

Saubere Hände, weiße Weste

Wir haben ganz bewusst ein Psalmwort an den Anfang unseres Gottesdienstes gesetzt, mit dem wir dieses neue Werk seiner Bestimmung übergeben. Es ist ein uraltes Gebet, das wir zwar in Worte unserer Zeit gefasst haben, das aber die Menschen aller Generationen herausfordert, sich vor Gott und den Menschen eine weiße Weste und saubere Hände zu bewahren. Gerade im Geschäft. Gerade im Handel. Das sieht sehr blauäugig aus, vor allem wenn wir an die Herausforderungen denken, denen sich der neue Betrieb von Anfang an stellen muss, wenn er bestehen bleiben will. Der Wettbewerb ist hart, höre ich sagen,

und wer nicht mit harten Bandagen um Marktanteile kämpft, wird sich schnell auf der Seite der Verlierer finden.
Wir geben ihnen den Psalm mit nach Hause, damit sie ihn noch einmal durchdenken und ihr eigenes Handeln überprüfen können. Denn wer es mit Gott zu tun hat, wie wir jetzt und heute, der kommt so leicht nicht davon.

Sich am Evangelium messen

Warum segnen wir über diese Montagehallen, Fließbänder, Lagerräume, Kantinen und Büroräume jene Menschen, Männer und Frauen, die hier Arbeit und Brot bekommen? Warum erbitten wir Gottes Beistand für dieses junge Unternehmen, das sich der rauhen Wirklichkeit wirtschaftlichen Denkens und Handelns stellen muss, in einer Welt, die immer größer, undurchschaubarer und bedrohlicher zu werden scheint? Weil der junge Unternehmer mit seiner ganzen Belegschaft überzeugt ist, dass wir nur dann vor uns, vor jedem einzelnen Mitarbeiter, vor den Zulieferern und Kunden bestehen können, wenn unser Planen, Produzieren und Wirtschaften dem Maß des Evangeliums Jesu entspricht. Unser Handeln hat nur dann einen Wert, wenn es vor Gott einen Wert hat. Das ist ein großes Wort und manch einer mag jetzt mit dem Blick auf die Börsenkurse ganz anders denken.

Eine wertlose Gesellschaft?

Aber ich stelle fest: Unsere Gesellschaft ist in der großen Gefahr eine Gesellschaft ohne Werte zu sein. Dann wird sie schneller als ihr lieb ist, eine wertlose Gesellschaft sein. Das gilt für alle Bereiche, das gilt für diesen neuen Betrieb. Denn gerade ganz am Anfang haben wir die große Chance, einen Weg zu suchen und zu gehen, der unserer Verantwortung vor Gott und den Menschen gerecht wird. Dafür brauchen wir den Maßstab der Werte.
Denken wir ruhig daran, dass das Wort „Wert“ eigentlich aus der Wirtschaft stammt. Ein Wert ist etwas, was über das Übliche hinaus reicht und Bestand verspricht. Um einen Wert zu erringen und zu behalten, setzen wir unsere Visionen und unsere ganze Kraft ein. Schließlich soll dieser Betrieb Werte produzieren, die allen zu Gute kommen, dem Unternehmer, den Mitarbeiterinnen und Mitarbeitern, den Kunden, auch noch über die Steuern unserem Staat und der ganzen Gesellschaft.
Wenn schon unsere Gesellschaft diese Werte gerne in Anspruch nimmt, dann muss sie es auch wieder lernen und wir in ihr, die Grundwerte, die unser Leben sichern, zu ermöglichen. Nur dann gibt es Gerechtigkeit. Nur dann ist Wohlstand möglich. Nur dann können wir in Frieden zusammenleben. Nur dann

gibt es Solidarität mit den Schwächeren. Von diesen Werten spricht der Psalm, den wir gemeinsam gebetet haben, und ich habe durchaus bei einigen Sätzen manches Zögern verspürt. So einfach ist es eben nicht, im Angesicht Gottes einen solchen Text zu sprechen, der wie ein persönliches Versprechen klingt. Das ist auch gut so.

Für den Mehrwert

Aus diesen einfachen Versen hören wir die Gebote Gottes heraus, die am Sinai der ganzen Menschheit gegeben wurden. Unsere menschlichen Beziehungen, unser wirtschaftliches Handeln wird nur dann gelingen und zu einem echten Mehrwert anwachsen, wenn wir vor Gott Verantwortung für unser Tun und Lassen übernehmen können.

Weil wir das wollen, segnen wir dieses neue Werk. Die Berechtigung dazu habe ich beim Propheten Sacharja gefunden, der im 6. Jahrhundert vor Chr. in Jerusalem gelebt hat. Er sagte eine Zeit mit Gott voraus, eine Zeit, in der wegen des Einklangs der Menschen mit dem Willen Gottes ganz einfache Gebrauchsgegenstände seinen Namen tragen werden: „An jenem Tag wird auf den Pferdeschellen stehen: Dem Herrn heilig. Sogar die Kochtöpfe im Haus des Herrn werden gebraucht wie die Opferschalen vor dem Altar“ (14, 20), sagt der Prophet für den Tag Gottes, den wir alle erwarten.

Gott ist alles heilig

Ich denke, was für Pferdeschellen und Kochtöpfe gilt, das gilt auch für die Kugellager verschiedenster Art, die hier produziert werden. Sie sollen in aller Welt dafür sorgen, dass sich Maschinen ohne allzu große Reibungsverluste drehen können. Wir dürfen mit Gott rechnen, wenn unser Arbeiten und unser Produkt dem Menschen dient. Dann sind die Dinge, die wir herstellen, heilig. Es wird hier künftig ein sehr praktischer Wert hergestellt. Dahinter aber sollten wir die Werte erkennen, die für uns Menschen und unser Zusammenleben so wichtig sind. Ich will nur einige beispielhaft aufzählen, um sie uns in Erinnerung zu rufen. Da ist der Wert des Lebens, der über allem anderen steht. Denn alle unsere Entscheidungen sollen dem Leben dienen. Da ist der Wert der Verlässlichkeit, dass wir einander wieder beim Wort nehmen lassen, dass wir Zusagen einhalten und Versprechen nicht leichtfertig geben. Dass wir uns nicht selbst entwerten, wenn wir etwas sagen, es aber nicht tun. Da ist der Wert des Handschlags, der sich jedes unseriöse Geschäftsgebaren verbietet. Da ist der Wert der Wahrhaftigkeit, der vor übler Nachrede, vor Verleumdung, vor allem vor Mobbing schützt. Da ist der Wert der Achtsamkeit, der Rücksicht nimmt auf die Schöpfung, sie nicht ausbeutet, sondern sie nachhaltig bewahrt. Da ist der Wert der Redlichkeit, der den Konkurrenten nicht als Feind, sondern als Mitbewerber sieht.

Fundament der Menschlichkeit

Wer diese Werte, und es gibt noch andere, die wichtig sind, durchbuchstabiert, erkennt sehr schnell, dass sie das Fundament sind, auf dem Menschlichkeit gedeihen kann. Es hat sich zwar noch nicht überall herumgesprochen, aber ernst zu nehmende Wirtschaftswissenschaftler haben durch Untersuchungen festgestellt, dass Unternehmen, die sich an Werten ausrichten, sich erfolgreicher auf dem Markt behaupten können.
Das ist zwar nicht das wichtigste Argument, aber es stützt immerhin die Volksweisheit, die behauptet: „Ehrlich währt am längsten." Und weil die Erfahrung des Volkes auch weiß, dass an „Gottes Segen alles gelegen ist", wollen wir jetzt dieses Werk, die Mitarbeiterinnen und Mitarbeiter, die Kunden und Gäste segnen und auf diese Weise im Namen Gottes Wachstum und Gedeihen wünschen.

Roland Breitenbach

2. Segnung eines Feuerwehrfahrzeuges/-gebäudes

DEN „GOTT DAZWISCHEN" ERFAHRBAR MACHEN

Zielsatz: Die wichtige und schwierige Aufgabe der Feuerwehrleute soll gewürdigt und der Glaube als Weg zur Entlastung aufgezeigt werden.

Text: Joh 15, 9–17

„Einsatz"

Jeden Moment kann es soweit sein: am Arbeitsplatz, vor dem Fernseher, in der Badewanne... Das Piepsen des Meldeempfängers verändert schlagartig die Situation: Einsatz! Ich bin gerufen als Feuerwehrmann oder Feuerwehrfrau. Nun heißt es, schnellstmöglich zum Feuerwehrhaus oder zur Feuerwache zu kommen. „Da ist etwas passiert!", sagen sich die Passanten, die dann wenige Minuten später die Einsatzfahrzeuge ausrücken sehen. Von der Ölspur und dem Wespennest über überflutete Keller bis zu schweren Verkehrsunfällen und

Großbränden mit Explosionsgefahr reichen die Einsatzarten. Meist sind die Helfer in einem Wettlauf mit der Zeit. Es gilt, hohen Vermögensschaden abzuwenden und Menschenleben zu retten. Solch ein Einsatz verursacht Stress: die schnelle Anfahrt mit dem eigenen PKW, die Einsatzfahrt mit Blaulicht und Martinshorn, die unbekannte, oft uneinschätzbare Situation am Einsatzort. Solch ein Einsatz ist Schwerstarbeit.

„Funktion"

Um wirklich helfen zu können, braucht es eine Menge an Vorbereitung. Die Feuerwehrleute brauchen eine qualifizierte Aus- und Fortbildung. Hierfür verwenden die Helferinnen und Helfer der freiwilligen Feuerwehren oft einen erheblichen Teil ihrer Freizeit. Einsatzabläufe müssen genauso geübt werden, wie theoretische Kenntnisse erlernt: Wie verbinde ich ein C-Rohr? Womit lösche ich welchen Brandherd? Was bedeuten die Warnschilder auf den Gefahrguttransportern? Jeder Handgriff muss sitzen, jedes Gerät und Werkzeug funktionstüchtig und an seinem Platz sein; der Materialwart hat eine wichtige Funktion. Nur das reibungslose Zusammenspiel von Mensch und Maschine kann letztlich Leben retten. Auch untereinander müssen die Helfer ein eingespieltes Team sein. Jeder muss sich buchstäblich blind (z. B. bei starker Rauchentwicklung) auf den anderen verlassen können. Dieses Vertrauen entsteht durch gemeinsame Übungen und Einsätze, aber sicherlich auch im geselligen Zusammensein im Feuerwehrhaus.

„Ohnmacht"

Freilich erleben Feuerwehrmänner und -frauen immer wieder Situationen, in denen sie nicht mehr helfen können, wenn z. B. Menschen bei schweren Verkehrsunfällen oder Bränden ums Leben kommen. Die Feuerwehrleute haben Kontakt mit Sterben und Tod. Sie sind mit Schicksalen konfrontiert, die man in unserer Gesellschaft gerne verdrängt. Besonders bedrückende Situationen können bei den Helfern selbst psychische Reaktionen auslösen, die von leichten Schlafstörungen bis zu chronischen Symptomen wie beispielsweise Bluthochdruck reichen. Trotz aller Ausbildung und den neuesten technischen Geräten erfahren Feuerwehrleute ihre Grenzen; sie spüren menschliche Grenzen und Ohnmacht. Wie bei Notärzten und Rettungsdienstmitarbeitern kommt es darauf an, vor der Ohnmacht nicht davonzulaufen, sondern die Hilflosigkeit auszuhalten, zu bleiben und damit den unmittelbar Betroffenen (Angehörigen) beizustehen. Das wird nur gelingen, wenn die Helfer in sich selbst einen Halt, einen Anker im Schicksalssturm finden.

„Entlastung"

Ein solcher Halt kann die Gemeinschaft untereinander sein. Es kann schon entlastend sein, zu wissen, ich bin nicht allein mit meinen Eindrücken, andere haben das Gleiche gesehen, gehört, gerochen … Und wenn erfahrene Kollegen mit jüngeren über ihre belastenden Eindrücke, ihre Reaktionen darauf und ihre Verarbeitungsmechanismen sprechen, dann ist das heilende Kameradschaft und Seelsorge, im besten Sinn des Wortes.
Halt und Anker kann aber auch der Glaube sein. Einsatzkräfte, die an Gott glauben, mögen zwar angesichts schwerer Schicksalsschläge manchmal ins Zweifeln kommen, ob es einen barmherzigen und allmächtigen Gott gibt, gleichzeitig sind sie es aber auch, die diesen Gott dem anderen erfahrbar machen können. Im Dasein für den anderen, für die Angehörigen und Kollegen, kann Gott spürbar werden. Nicht als Gott, der über allem thront; nicht als Gott darüber, sondern als „Gott dazwischen": In meinem Hinschauen schaut Gott hin, in meinem Zuhören hört auch Gott zu, in meinem Bleiben bleibt auch Gott.
Diese „Zusage des Dazwischenseins" gibt Gott heute nochmals ausdrücklich, wenn wir dieses Feuerwehrfahrzeug/Feuerwehrgebäude segnen. Sein Mitdabeisein kann uns entlasten. Wir Menschen können und müssen nicht die Welt retten, dazu ist ein anderer in die Welt gekommen.

Engelbert Dirnberger

3. Segnung eines Wasserwerkes

GOTTES SEGEN FÜR ALLE, DIE VOM WASSER TRINKEN

Text: Ex 17, 1–7

Zielsatz: Das Urelement Wasser, ohne das es kein Leben gibt, sei uns Symbol für unsere Existenz als hinfällige und zugleich erwählte Menschen.

Situation: Ein Wasserwerk ist fertiggestellt. Fünf Gemeinden haben es gebaut: N. N. 1993 haben sie den Zweckverband gegründet, 1994 haben sie mit dem Bau begonnen. Nun ist es fertig. Ein beachtliches Werk! Aus einer Tiefe von 158 m pumpen die Motoren Wasser nach oben, und sie pumpen es in die Verteilungsrohre, damit 25 000 Menschen und viele tausend Tiere und Pflanzen schöpfen und trinken können. Sie alle brauchen das Wasser, sie brauchen klares und keimfreies Wasser. Das neue Werk gibt es ihnen.

Segen und Fluch des Wassers

Wasser ist für unser Leben unentbehrlich. Wir schätzen es meist zu wenig. So merken wir gar nicht mehr, wie sehr Wasser ein Geschenk ist. Wo immer Leben existiert, braucht es Wasser. Eine Pflanze trocknet ein, wenn sie kein Wasser ansaugen kann. Tiere und Menschen verdursten, wenn sie nicht Flüssigkeit in sich aufnehmen. Alles in der Natur verdorrt, wenn es nicht Wasser erhält. Nur wo Wasser sprudelt, wächst Leben. Wo kein Wasser, da kein Leben! Dieser Gedanke erst macht uns deutlich, wie wichtig es für die fünf Gemeinden ist, dass sie dieses Werk geschaffen haben – gutes Wasser für Mensch, Tier und Pflanze wird es garantieren. Sie können trinken, sie können mit dem Wasser auch reinigen, was schmutzig geworden ist.
So hilft uns das Wasser zu leben und das Leben zu gestalten. Es kann uns zum Symbol werden, zu einem Zeichen für das Ganze unseres Daseins. Wasser gibt Leben, Wasser reinigt. Aber da steht noch eine Erfahrung mit dem Wasser in unserer Erinnerung, eine dritte. Die sagt auch etwas über unser Leben. Wenn das Wasser zuviel wird, wenn der Fluss steigt und steigt, wenn eine Springflut alles überspült, wenn es wild dahinschießt und Strudel bildet, dann hat der Mensch keine Chance mehr, er ertrinkt. Wasser ist gefährlich. So zeigt es uns an, wie gefährdet wir allemal sind. Wasser bringt nicht nur Leben, es reinigt nicht nur, sondern es bringt auch den Tod. Das Leben, das wir haben, ist ein „Sein zum Tode".
So kann Wasser uns zum Zeichen für die Gesamtheit unseres Lebens sein: Es ist Zeichen für Leben, Zeichen für Reinigung oder Verjüngung, und es ist Zeichen für die tödliche Seite des Lebens. Wir sind geboren, um wieder zu sterben. So ist es. Und wie sehr wir uns auch zwischendurch reinigen und damit dem Leben Qualität zukommen lassen, im Letzten bleibt die Tatsache bestehen, dass unser Leben im Tod endet.

Leben aus dem Wasser der Taufe

Doch da gibt der christliche Glaube einen Trost. Denn er kündet: Gott nimmt sich deiner an. Er sagt dir zu: Du bist nicht geboren, um zu sterben, sondern du stirbst, um zu leben – wenn du glaubst! Denn Gott ist ein Gott für uns. Er ist nicht ein Gott von Toten, sondern von Lebenden. In der Lesung haben wir das gehört, da wird diese Botschaft mit einer alten Geschichte verfremdet. Das Volk Gottes war kaum der Knechtschaft Ägyptens entronnen, da murrten die Leute schon, weil sie in der Wüste zu wenig Wasser hatten. Der Prophet schrie zum Herrn, und der zeigte ihnen: „Ich sorge für euch. Ich bin es, der euch Nahrung zuwachsen lässt und der euch Flüssigkeit gibt. Ihr Kleingläubigen!"

Und jedem von uns wird dies zugesagt im Sakrament der Taufe. Da gilt Gottes Wort: „Du gehörst zu mir, ich bin mit dir."
Wenn immer das Volk Gottes und auch wir Wasser benützen, dann soll uns dieser Zusammenhang bewusst sein: Wasser ist Hinweis auf unser ganzes Leben. Nicht todbringend bleibt es, sondern wir sind berufen, zu dem hinaufgehoben zu werden, von dem her alles kommt. Er hat seinen Knecht Mose immer wieder sagen lassen: Ihr seid beschenkt mit allem, was ihr habt – auch mit dem Wasser, dem Urelement. So geben wir dem Wasserwerk den Segen. Wir erflehen Gottes Hilfe und Gnade für all jene, die vom Wasser trinken, das aus diesem Werk kommt.

Ludwig Mödl

4. Segnung eines Kindergartens

GOTTES GUTER SEGEN UMGEBE UNSER LEBEN

Anlässlich der Einweihung eines Kindergartens möchte ich Segen deuten als Ansage, dass Gottes Welt aus einem guten Anfang kommt und wir ihn für unseren Alltag um seine Segenskraft bitten dürfen, damit wir unseren Teil zu einem guten Zusammenleben und einer guten Gestaltung der Welt beitragen können.
Bei der Zielgruppe meines Predigtentwurfs denke ich an Kindergartenpersonal, Eltern und selbstverständlich auch an die Kindergartenkinder.
Kursiv sind Gedankenanstöße gesetzt, bei denen Kinder mit einbezogen werden könnten. Die Predigtgedanken könnten von den Kindern auch mit Strophen von Segensliedern vertieft werden, z. B. „Gottes guter Segen sei wie ein großes Zelt" oder „Gottes guter Segen sei mit euch" von *Rolf Krenzer*.

Text: Mk 10, 13–16

„Heile, heile Segen …"

Wenn ich als Kind einen Kummer hatte, weil es einen Streit gab oder weil ich mal wieder hingefallen war, bin ich meistens weinend zu meiner Mutter gelaufen. Sie hat mich auf den Schoß genommen, auf aufgeschlagene Knie oder Ellbogen geblasen und dazu gesungen: „Heile, heile Segen, 's wird alles wieder gut."
Ich weiß nicht, was mir damals geholfen hat: das Pusten, das Lied oder der sichere Schoß, zu dem ich flüchten konnte, wenn ich einen Schmerz hatte. Aber es hat mir ganz sicher gut getan, jemanden zu haben, der wusste, jeder noch so kleine oder große Schmerz vergeht einmal wieder. Es wird alles einmal

wieder gut, denn über der ganzen Welt liegt wie ein Zelt ein wunderschönes Wort von unserem guten Gott. Als er die Welt geschaffen hatte, schaute er sie an und sah, dass es gut war.
(Mögt ihr einmal mit euren Händen ein Zelt bauen? – Die Kinder werden eingeladen, kleine Kreise zu bilden und Zelte zu bauen, die Menschen schützen, die in ihnen leben.)
So wie Zeltwände den Menschen Schutz geben, die in ihnen wohnen, Wind und kaltes, nasses Wetter aus dem Zelt aussperren wollen, so will Gottes Wort uns Schutz geben, wenn es einmal ungemütlich, ärgerlich, ungut zugeht in unserer Welt. Gott sah, dass die Welt gut war und dass die Menschen helfen können, damit sie gut bleibt. Menschen können einander auch helfen, dass es wieder gut wird, wenn plötzlich einmal Traurigkeit, Kummer und Schmerz in der Welt, in unseren Wohnungen und Zimmern sind. Und manchmal geht das ganz schnell. Die Nähe und Liebe meiner Mutter hat mir immer geholfen, bis die wehen Knie nicht mehr zu spüren waren und ich wieder rennen konnte.

Es ist schön und gut, auf der Welt zu sein

Wir sind heute hierher in euren neu gebauten/renovierten Kindergarten gekommen, um die Segensworte Gottes – alles soll gut sein – in den Zimmern zu sprechen, in denen ihr bald spielen und lachen werdet.
(Die nachfolgenden Gedanken könnten auch vor der Feier im Kindergarten erarbeitet werden, sodass die Kinder an dieser Stelle erzählen können, was sie alles tun werden und der Prediger im Gespräch ergänzen und nachfragen kann.)
Ihr werdet Brotzeit machen in diesen Zimmern, nachschauen, was ein anderes Kind Gutes in seinem Brotzeitbeutel hat, vielleicht manchmal etwas teilen, austauschen, vielleicht manchmal um etwas streiten, eine Idee nach Hause mitnehmen und die Mutter, den Vater bitten, dass sie bzw. er euch auch einmal ein Stück Möhre statt eines Apfels gibt, weil es so gut geschmeckt hat. Ihr werdet in den Zimmern auf Entdeckungsreise gehen – in Gedanken, wenn ihr eine Geschichte hört oder ihr geht auf die Entdeckungsreise, was ihr schon alles könnt, wenn ihr etwas malt oder bastelt. Ihr werdet euch in diesen Räumen ein Stück Welt erobern und entdecken: Es ist schön und gut, auf der Welt zu sein. Und es ist schön und gut, nicht alleine auf der Welt zu sein, Freunde zu haben.

Gottes Segen hilft uns, Gutes zu tun

Wir wollen heute auch das Segenszeichen, das Jesuszeichen, über euch und diesen Kindergarten machen, damit ihr gerne hierher kommt und die Zeit, die ihr hier verbringt, eine gute und schöne Zeit wird.

Segenszeichen machen, Segensworte sprechen, das heißt, Gott bitten, dass er uns hilft, dass wir gut zueinander sein können.
Wenn die Wände in diesen Zimmern Augen hätten, dann sollten sie viel Gutes in diesen Räumen sehen. Wenn die Wände in diesen Zimmer Ohren hätten, dann sollten sie viel Gutes in diesen Räumen hören. Wenn die Wände in diesen Zimmern ein Herz hätten, dann sollten sie viel Gutes in diesen Räumen fühlen. Wände können nicht sehen, nicht hören, nicht fühlen, aber Menschen können sehen, hören und fühlen. Und Menschen können helfen, dass andere Gutes sehen, Gutes hören, Gutes fühlen.
Hörst du etwas Gutes, wenn ein Kind zum anderen sagt: Geh weg, ich mag nicht mit dir spielen? Wie könnte das denn heißen, damit wir etwas Gutes hören?
(... Magst du mitspielen? Oder auch: Ich möchte jetzt gerne alleine spielen: hast du nicht Lust, mit jemandem anderen zu spielen oder etwas zu malen? Vielleicht können wir später zusammen spielen ...)
Viele Antworten können wir finden, wenn wir gut zueinander sein wollen. Gott möchte gerne, dass uns viele gute Antworten, viele gute Handlungen füreinander einfallen und deshalb hilft er uns mit seiner Segenskraft.

Eine gute Zeit soll eure Kindergartenzeit werden

Dazu brauchen wir die Hilfe von ganz vielen Menschen, von euch Kindern, aber auch von Ihnen, liebe Eltern, von Ihnen, den Erziehern. Es werden Hände gebraucht, die Feste vorbereiten, damit wir alle uns freuen können, die einmal mit aufräumen helfen, etwas herrichten helfen, die manche Konfliktsituation entspannen helfen, die einander einmal Mut machen, wenn es anstrengend und schwierig wird.
Und wir brauchen dazu den guten Geist Gottes, der uns immer wieder anstößt, damit wir einander helfen können. Wir brauchen Gottes gute Segenskraft. Deshalb bitten wir ihn heute und auch sonst immer wieder um seinen Segen. Wenn wir Segensworte sprechen, dann machen wir dazu auch das Segenszeichen, das Jesuszeichen.
(Weiß jemand von euch schon, wie das Segenszeichen aussieht, das Jesuszeichen? Vielleicht gibt es im Kindergarten ein Kreuz, das jetzt in den Mittelpunkt gestellt und betrachtet werden kann.)
Das Jesuszeichen hat zwei Balken. Ein Balken geht von unten nach oben.
(Wir können uns einmal so hinstellen, wie ein senkrechter Balken. Dazu musst du die Hände an deinen Körper halten. Spürst du, wie du sicher und fest auf dem Boden stehst?)
Der Balken steht sicher und fest auf dem Boden. So sicher und fest stand Jesus da. Er wusste, wenn es einmal schlimm wird im Leben, wenn er einmal Angst

haben wird: Gott, sein Vater, verlässt ihn nicht. Er schenkt ihm Kraft und Mut. Der zweite Balken geht von rechts nach links.
(Auch das können Kinder nachspielen oder der Prediger zeigt die Haltung.)
Hast du schon einmal jemanden gesehen, der so dasteht? *(... die Mutter, der Vater, ... oder auch der Verkehrspolizist – er will auch das Gute für die Menschen und regelt deshalb den Verkehr.)*
Was sagen denn die Hände der Mutter, wenn sie sie weit aufmacht? *(Komm her zu mir, ich hab dich lieb ...)* Das sagen auch die Hände Jesu.
Jesus hat in seinem Leben gespürt, Gott lässt mich nicht allein. Er schenkt mir Gutes, auch wenn Menschen mir einmal etwas Böses antun. Und deshalb konnte er sogar, als ihn die Menschen ans Kreuz geschlagen haben, die Hände weit aufmachen und uns allen sagen: Zu Gott dürft ihr immer kommen. Er hat euch lieb. Er schenkt euch seine Kraft, wenn ihr sie braucht. Er ist ganz sicher immer bei euch auf allen Wegen, bei allen Spielen, bei allem Lachen, bei allen Tränen, wenn ihr einmal alleine und traurig seid, wenn ihr Mut braucht.
Gott will uns seinen guten Segen schenken, damit wir ihm helfen können, dass unsere Zeit auf der Welt und hier bei uns im Kindergarten gut wird.
Um diesen Segen bitten wir jetzt mit unserem Beten, unserem Singen und dem Jesuszeichen.
(Da von Erwachsenen gesprochene Gebete gerne an den Kindern vorbeigehen, könnte es hilfreich sein, die Gebete mit einem kurzen Kehrvers zu unterbrechen, den alle Kinder mitbeten können.)

Birgit Gammel

5. Segnung eines Schulhauses

EIN PLUSZEICHEN FÜR DEN WEG IN DIE ZUKUNFT

Vorbemerkung: Die Ansprache führt auf die Segnung hin und stimmt auf sie ein. Sie stellt heraus, dass die Segnung zum einen in der Reihe vieler Maßnahmen von der Planung bis zur Belebung des Schulgebäudes steht, zum anderen aber etwas Besonderes darstellt.

Text: Mk 10, 13–16

Arbeitende und segnende Hände

Von Seiten der Kirchengemeinde(n) möchte ich Ihnen (zusammen mit meinem Kollegen von der evangelischen Gemeinde N. N.) zunächst ein herzliches „Grüß Gott“ sagen. Ich denke, wir können die Bauverantwortlichen, aber auch

Sie und uns alle, die wir hier ein- und ausgehen werden, zu diesem gelungenen Neubau beglückwünschen. Er wird – so hoffen wir – allen Freude bereiten: den Kindern, den Lehrerinnen und Lehrern, den Eltern, der Gemeinde.
Damit wir heute die Eröffnung und Einweihung feiern können, haben viele Hände auf die unterschiedlichste Weise zusammengeholfen: Zur Genehmigung wurden überlegt und verantwortungsvoll Unterschriften gesetzt; während der Planung wurden Entwürfe und Zeichnungen gefertigt; während der Bauarbeiten wurden Maschinen gelenkt, und es wurde kräftig zugepackt; dann haben Hände für den Feinschliff und die Sauberkeit gesorgt; zuletzt wurden die Einrichtungsgegenstände installiert. Zu den vielen erfolgten Handlungen sollen jetzt schließlich die segnenden Hände eines Kirchenvertreters kommen. Dadurch wird ausgedrückt: Gottes Segen sei in diesem Hause wirksam. Diese Schule stehe unter der schützenden und bergenden Hand Gottes. Ein guter Geist, sein guter Geist, möchte hier spürbar werden.
Jede und jeder, der bisher an diesem neuen Schulgebäude mitgearbeitet hat, hat gewusst, dass er nicht nur eigene Pläne verfolgt, sondern dass er tut, was im Interesse des Gesamtprojektes steht. Ich verstehe nun meinen Auftrag ganz ähnlich und will gerne versuchen, im Sinn von allen Betroffenen für dieses Haus den Segen Gottes zu erbitten. Worum geht es dabei?

Arbeiten und das Beten nicht vergessen

Zunächst eines vorweg: Es handelt sich nicht um eine Art Versicherung. Auch in einem gesegneten Haus kann es vorkommen, dass ein Fenster zu Bruch geht, oder dass Schüler untereinander in Streit geraten, dass eine Lehrkraft ins Zweifeln über die richtige Vorgehensweise kommt oder dass sonst irgendwie nicht alles so glatt läuft, wie wir es gerne hätten. Dies kann ein Segen nicht verhindern. Was der Segen aber kann, ist Folgendes: Er drückt aus in Wort und Zeichen, was wir für dieses Haus erhoffen. Und weil das, was wir hoffen und erbitten, größer ist als das, was wir selber in der Hand haben, ist auch einbezogen, was nicht in unserer Kraft steht. Das Segensgebet öffnet die Türe zu Gott und lädt ihn ein, hier in diesem Haus zugegen zu sein. Das Kreuz, das beim Segnen gezeichnet wird, ist wie ein großes Pluszeichen, ein Ja-Zeichen, das über allem steht und das auch in schwierigen Situationen nicht ausgelöscht wird. Es erinnert daran, dass bei allem eigenen Planen und Arbeiten das Vertrauen auf Gott nicht belanglos wird. Eine große Erfahrung von Glaubenden lässt sich in zwei Sätzen zusammenfassen: Arbeite so, als ob du nichts von Gott erwarten könntest, setze dich ein, so gut du kannst. Und zugleich: bete auch so, als ob alles nur von Gott abhängen würde, vertrau ganz auf ihn. Beides ist kein Widerspruch, sondern gehört zusammen.

Schule: Wertvolle Erfahrungen für das Leben

Es wird viel los sein in diesem Haus. Schülerinnen und Schüler werden neue Dinge entdecken, aber sie werden auch geprüft werden, sie werden bisweilen herumtoben, aber auch wiederum ganz aufmerksam stille sein, sie werden hören, erleben, schreiben, singen, zeichnen, sich bewegen, und auch miteinander beten. Ich wünsche mir, dass die Kinder in diesem Haus die vielen Dinge lernen, die die Lehrpläne vorsehen und dass sie dabei Freude, zumindest aber Durchhaltekraft haben. Ist es zu vermessen zu hoffen, dass sie während der vielen Tage Schulalltag aber wie selbstverständlich auch noch etwas anderes lernen und erfahren, nämlich, dass sie ihre so unterschiedlichen Begabungen entfalten können und dass sie Gemeinschaft erfahren? Es tut gut, etwas zum Leben der Gemeinschaft, der Klasse, der Schule beitragen zu können. Wenn es stimmt, dass wir nicht nur für die Schule, sondern vor allem für das Leben danach lernen, so darf dies keinesfalls zu kurz kommen. Schüler und Schülerinnen sollen erfahren, dass sie mit ihren so unterschiedlichen Begabungen und Interessen gebraucht werden, dass es gut ist, wenn sie das Ihre den anderen zur Verfügung stellen. Bei vielen, möglichst bei allen Kindern soll es gelingen, dass sie diese Erfahrung machen: Ich bin wertvoll für die anderen. Wie ein großes Plus-, wie ein großes Ja-Zeichen sollen sie diese Erfahrung aus der Schule ins Leben mitnehmen können.

Die eigenen guten Wünsche mit ins Segensgebet legen

Gott schaut auf jeden Menschen und wie uns Jesus zeigt, haben es die Kinder ihm besonders angetan. Gehen wir ruhig davon aus, dass Gott aufmerksam auf jedes Kind schaut, wachsam, dass er sich mitfreut, dass er mitleidet, dass er mitzittert, dass er mitjubelt. Und dass er auch den Lehrkräften, die sich mühen, Kraft zu verleihen vermag für ihre nicht immer leichte Aufgabe. Die Tür zu ihm ist offen. – Ich bin mir sicher: Die Schulleitung, die Lehrerinnen und Lehrer gehen mit Sachverstand, mit Liebe und Phantasie, mit Konsequenz und Besonnenheit an ihr Werk. Aber nicht alles, was in einem Schulhaus los ist, haben wir in der Hand. Ich möchte Sie bitten, beim folgenden Segensgebet – so gut wie es jeder und jedem von Ihnen möglich ist – innerlich mitzugehen und mitzubeten, und ihre eigenen guten Wünsche von Herzen mit dazuzulegen.

Thomas Luksch

6. Segnung eines Krankenhauses/Sanatoriums

BESTIMMT ZUR HEILUNG DER MENSCHEN

Anlass: Die Predigt ist entworfen für die Segnung (volkstümlich „Einweihung") eines Krankenhauses oder Sanatoriums. Sie möchte die Mitfeiernden daran erinnern, dass Jesus Christus, Gottes gutes Wort an uns, das Fundament unseres Lebens ist, das wir einander bezeugen sollen und so heilend wirken können.

Text: Mt 7, 21–27

Erbaut auf sicheren Fundamenten

Wir weihen heute das neue Krankenhaus unserer Stadt ein. Da liegt es nahe, an jenes Gleichnis Jesu zu denken, das ich Ihnen eben vorgetragen habe. Architekt, Statiker und die Bauarbeiter haben selbstverständlich bei der Planung und beim Bau dieses Hauses an das Fundament gedacht und dafür gesorgt, diesen neuen Bau auf eine solide Grundlage zu stellen. Dieses Krankenhaus soll ja viele Jahre sicher stehen und nicht vom nächsten Wolkenbruch bereits dahingeschwemmt werden. Ebenso wichtig war auch die Frage der Finanzierung. Es war nicht leicht, auch für dieses Fundament zu sorgen, aber dank des Engagements und der Bereitschaft von Staatsregierung, Stadt, Gemeinde, der Krankenkassen und des Entgegenkommens der Banken steht dieser Bau auch auf soliden finanziellen Beinen.

Jesu Wort ist der Felsenboden

Jesus hat mit seinem Gleichnis allerdings weniger diese Voraussetzungen im Auge. Das Fundament, das er meint, reicht tiefer, denn ihm geht es um das Leben. Worin gründet es? Worauf bauen wir unser Lebenshaus? Was ist für uns der verlässliche Boden, was lässt uns standhalten und jene Erschütterungen bestehen, die keinem von uns erspart bleiben? Jesus lädt uns ein: „Jeder, der meine Worte hört und sie befolgt, gleicht einem klugen Mann, der sein Haus auf Fels gebaut hat" (Mt 7, 24). Jesu Wort ist jener Felsenboden, der in den Stürmen des Lebens Halt gibt. Wer sich nach diesem Wort richtet, der liegt richtig, der hat sicheren Boden unter seinen Füßen.

Jesus Christus, unser Fundament

Was das konkret heißt, das geht dem auf, der anfängt, auf dieses Wort zu hören. Damit meine ich allerdings weniger, dass jemand die Heilige Schrift nach einzelnen Aussprüchen Jesu absucht. Darum geht es nicht! Zunächst einmal ist nämlich Jesus selbst dieses Wort, er ist Gottes gutes Wort an uns. In Jesus Christus sagt uns Gott, wer er für uns ist: jemand, der sich für uns interessiert, dem wir wichtig sind und der darum auch für uns eintritt, alles für uns einsetzt, sich selbst schenkt. Gott steht auf unserer Seite, er geht mit uns durch unser Leben. In den Worten Jesu und noch mehr in seinem ganzen Leben zeigte sich, was sein Name Immanuel (= „Gott ist mit uns", vgl. Mt 1, 23) bedeutet. Wir wissen alle aus unserer eigenen Erfahrung, wie gut es tut, wenn wir nicht allein sind, sondern einen Freund an unserer Seite wissen. Kinder greifen automatisch nach der Hand ihrer Mutter oder ihres Vaters, wenn sie Angst bekommen und unsicher werden. Die Nähe eines Menschen, der es gut mit uns meint, gibt uns Sicherheit und Vertrauen, sie schenkt uns Mut und Hoffnung und macht uns heil.

Gott liebt uns wirklich

Was diese menschliche Erfahrung lehrt, das dürfen wir von Gott glauben. Er begnügt sich nicht mit schönen Worten oder guten Ratschlägen, sein Wort nahm menschliche Gestalt an und offenbarte in Jesus Christus die Kraft jener Liebe, mit der Gott uns allen immer nahe ist. Seit Ostern wissen wir, dass diese Liebe selbst den Tod überwindet. Diese Gewissheit ist das Fundament, dem wir unser Lebenshaus anvertrauen können. Diesem Boden dürfen wir uns getrost überlassen, ohne Angst haben zu müssen, auf Sand zu bauen. Dieser Boden gibt uns jenen Stand, der uns standhalten lässt und Probleme bestehen hilft. Dieser Boden trägt und sichert mehr als alle Versicherungen zusammen, denn er vermittelt jene Sicherheit, die allein wirkliche Liebe zu schenken vermag.

Gott wirkt durch Menschen

Gott zeigte der Welt und damit uns allen, wer er für uns ist durch den Menschen Jesus Christus. Diesen Weg wählt Gott bis heute. Wo immer jemand sich wie Jesus Christus auf Gott einlässt, sich von seinem Geist erfüllen und sich von seiner Liebe verwandeln lässt, da wird Gott selbst spürbar in unserer Welt. Bis heute nimmt Gott menschliche Gestalt an und blickt uns an in den Augen unserer Mitmenschen; er berührt uns in ihren Händen und kommt zu uns auf ihren Füßen. Gott wirkt in dieser Welt durch Menschen. Er stiftet Heil, wo immer einer in seinem Namen und in seiner Kraft spricht und handelt. Das ist uns selten bewusst, aber ich meine, wir sollten immer wieder einmal daran denken, welche hohe Gabe und zugleich Aufgabe wir als Getaufte haben. An uns liegt es, ob andere von diesem guten Gott erfahren und ihn spüren oder nicht.

Möge Gottes Geist erfahren werden

Ich werde jetzt dieses neue Krankenhaus/Sanatorium segnen, indem ich das Kreuz über dieses Haus zeichne und es mit dem Weihwasser besprenge. Diese beiden äußeren Zeichen erinnern uns daran, dass Gottes guter Geist in diesem Haus herrschen will und zwar durch alle, die hier arbeiten werden und ebenso auch durch die Patienten, die hier Genesung suchen und Heilung erhoffen. Ich wünsche allen, die in diesem Haus aus- und eingehen werden, dass sie offen sind für Gottes Geist, dass sie ihn spüren und weitergeben und zwar ganz gleich, ob sie hier sind und leben, weil dies ihr Beruf, ihre Berufung ist, oder ob sie hier sind, weil sie Hilfe brauchen. Wenn das möglich wird, dann steht dieses Haus auf einem sicheren Fundament, dann gründet es auf Gottes gutem, belebenden und heilenden Geist.

Dieter Katte

7. Segnung eines Altenheimes

„DAS ZEITLICHE SEGNEN“ – DAS LEBEN GUTHEISSEN

Zielsatz: Die Hörerinnen und Hörer sollen ermutigt werden, ihr Leben vor Gott zu bringen, es zu bejahen: gutheißen, segnen.

Text: Dtn 30, 15–19b

Ein gutes Wort

Unsere Alltagssprache ist gnadenlos und unbarmherzig. Wenn wir sagen „das Zeitliche segnen“, dann denken wir an Sterben und Tod. Doch ich möchte Sie mit diesem Wort nicht erschrecken. Denn eigentlich ist es ein gutes Wort. Es geht zurück auf einen Brauch, dass Menschen in hohem Alter die Menschen, die ihnen lieb sind, und die irdischen Dinge, die sie eines Tages zurücklassen, segneten.
Wenn ich also „das Zeitliche segne“, dann schaue ich zurück auf das Leben. Menschen und Ereignisse in der persönlichen Geschichte werden lebendig. Es leuchtet auf, was ich gelebt habe; ich erinnere, mit wem ich auf dem Weg war und wen ich geliebt habe.
All das, was mir wichtig war und ist, bringe ich vor Gott. Ich übergebe ihm mein Glück und Unglück, mein Gelingen und Versagen, mein Hoffen und Bangen. Und: Ich setze auf die Zukunft!

Das Leben gutheißen

Als Mose – gegen Ende seines Lebens – von Gott auf den Berg geführt wird, kann er das Land sehen, das Gott ihm und seinen Nachkommen verheißen hat und zu dem er ein Leben lang unterwegs gewesen war. Er sieht das Ziel. Aber er blickt auch zurück. Er denkt an die Zeit in Ägypten, dem Land, in dem er aufgewachsen war wie ein ägyptischer Prinz. Er erinnert sich an die Zeit der Not, in der er versuchte, für sein Volk beim Pharao Linderung zu erwirken. Er denkt an seine Familie, an die Menschen, die er aus der Knechtschaft aus Ägypten herausgeführt hat, eben in dieses gelobte Land. Lebendig wird für ihn die Freude des Volkes, aber auch das Murren, als die Israeliten erleben müssen, dass der Weg der Freiheit ein schwerer Gang ist. Er sieht ihren Glauben an Jahwe und ist enttäuscht von der Treulosigkeit seiner Landsleute. All das legt er seinem Gott vor, jetzt, wo er dem Ziel so nahe ist. „Hiermit lege ich dir heute das Leben und das Glück, den Tod und das Unglück vor“ (Dtn 30, 15). Mose kann sein Leben anschauen. Es breitet sich vor ihm aus wie ein bunter Teppich mit vielen Farben und Mustern. Dieses Leben kann er bejahen, er kann es gutheißen – „bene-dicere“ –; er kann es segnen.

„Wir haben unser Leben im Alter vor uns gebracht“

Karl Rahner sagte im Alter von 80 Jahren: „Wir haben unser Leben im Alter vor uns gebracht.“ Das Alter vor sich bringen und anschauen können, das ist eine gute Sache. Die Menschen sind im Alter so, wie sie durch das Leben hindurch geworden sind. Der Blick zurück ermöglicht, das Vergangene neu zu sehen und so manches zu verstehen, was vielleicht in früherer Zeit unverständlich war. Eine ältere Frau, die als Geschäftsfrau jahrzehntelang einem kleinen Betrieb vorstand und eine Familie samt Haushalt betreute, erzählte mir: „Wenn ich so zurückschaue, habe ich manches nicht richtig gemacht: Und hier und da mache ich mir heute Vorwürfe. Ich habe meine Kinder und auch meine Angestellten zu wenig gelobt. Immer habe ich zuerst geschaut, dass der Laden läuft. Dabei sind die Menschen um mich herum ein wenig zu kurz gekommen. Aber dennoch glaube ich, sagen zu können: Es war doch gut, dieses Leben. Unser Herrgott hat oftmals die Hand über mich gehalten.”

Kann ich „ja“ sagen zu meinem Leben?

... zu dem, was gut war! ... zu dem, was nicht gelungen ist!

Macht es mir Freude, mich an die Menschen zu erinnern, mit denen ich gelebt habe und noch lebe?

Bleiben in mir Gefühle von Trauer und Schmerz?

Ja, es ist gut, wenn ich sagen kann: So wie ich gelebt habe, war es gut. Auch wenn mir einiges daneben gegangen ist, wenn ich manches Ziel nicht erreicht habe, wenn ich mir und anderen dann und wann etwas schuldig geblieben bin, wenn ich die Rechnung aufmache, „unterm Strich" ist mein Leben in Ordnung so.

Wähle das Leben!

Die Vergangenheit wird bewahrt und für gültig erklärt, sodass ich meine Lebenszeit ohne Reue und mit Freude annehmen kann. Ich spüre: Was auch war, mit dem Zuspruch meines Gottes wird das Vergangene verwandelt, hinein in die Zukunft. Ich kann hoffnungsvoll und mutig in die Zukunft schauen. In einem wahren Sinn ist noch alles offen. Das Drama des Lebens hat Zukunft. Sehnsucht und Träume dürfen sein, haben noch Chancen, in Erfüllung zu gehen. „Wähle das Leben!" (Dtn 30, 15b), sagt Mose am Ende seiner Rückschau. Die Zukunft des Menschen ist das Leben, ein „Leben in Fülle", wie es uns verheißen ist.

Wenn wir dieses Haus segnen

Wenn wir jetzt dieses Haus segnen, dann segnen wir die Menschen, die schon viele Jahre gelebt, geliebt und gelitten haben. Wir segnen Frauen und Männer, die auf den größten Teil ihres Lebens zurückblicken. Und wir segnen dieses Leben mit allen Facetten.
Wenn wir dieses Haus segnen, dann segnen wir das Leben auf Zukunft hin; wir stellen die Menschen, die hier leben und arbeiten, die gemeinsam hier den Alltag meistern, die hier ein- und ausgehen, unter den Schutz unseres Gottes!
Wir segnen das Leben, das sich schließlich öffnen soll für den Weg über die Zeit hinaus. „Denn das Alter ist nicht das Ende von allem, sondern nur der letzte Takt einer Ouvertüre, und die eigentliche, die wunderbare Musik der Freiheit fängt erst an" *(Jörg Zink).*
Bei unserem Gott ist alles, was war, was ist und was sein wird, gut aufgehoben. Er ist hier und heute, zu aller Zeit auf unser gelingendes Leben bedacht.

Marianne Habersetzer

IV.

Segnung von Bildungs- und Verkehrs-einrichtungen

1. Segnung einer Buchhandlung

SEHNSUCHT NACH DEM WUNDER DER WORTE

Text: 1 Thess 2, 13

„Ich glaube an das Wunder
der Worte
die in der Welt wirken
und die Welten erschaffen“

– so heißt es in einem Gedicht von *Rose Ausländer* (aus: *Ich hörte das Herz des Oleanders, Frankfurt a. M. 1984*). Ihre Lyrik bezaubert mich, denn was sie sagt, rührt an. Die Zeilen treffen, was einen Menschen oft im Innersten bewegt: die Sehnsucht nach Worten.

Worte, die ich ersehne

Wer kennt nicht die unzähligen, bedrückenden Situationen des Lebens, in denen ich nach einem Wort des Trostes dürste. Heilend empfinde ich manchmal ein Wort für meine Lebenswunden. Wie ein Hort der Geborgenheit oder eine Streicheleinheit für meine Seele kann es mir erscheinen. Als Motivations-Wort wird es zur Antriebsfeder meines Daseins, die mir Kraft gibt für den nächsten Schritt. Hellhörig werde ich bei Orientierungs-Worten. Sie zeigen mir Türen und öffnen wie ein Schlüssel Räume meines Lebens, die ich vorher nicht wahrnehmen und betreten konnte. Wie über einen Wegweiser auf der nächtlichen Landstraße bin ich glücklich über sie, vertrau mich ihren Bahnen an und finde neue Wege.

Beinahe alltäglich sind für mich *Informations-Worte*. Sie sind die Grundlage menschlicher Kommunikation und so etwas wie das Abc meines Lebens. Mit ihnen buchstabiere ich meinen Alltag. Mit ihnen erforsche ich meine Welt. Sie schenken mir Wissen, darum suche ich sie wie die Sprossen einer Leiter, die meinen Informationsstand voranbringt.

Und nicht zuletzt sehne ich mich nach *Unterhaltungs-Worten*. Sie erzählen vom Leben und bringen das Lachen in mein Gesicht. Sie entführen mich in die Gärten der Phantasie und stellen mir Bilder vor Augen, die Abenteuer und Spannung verheißen.

Ich habe Sehnsucht nach dem *Wunder der Worte*, die in der Welt wirken und die Welten erschaffen. Doch wo finde ich sie, wenn sie nicht ein Freund, ein vertrauter Mensch, ein Lehrer und Forscher oder ein charmanter Plauderer zu mir spricht? Wo entdecke ich die Wunder der Worte?

Die Buchhandlung – ein Laden der Worte

Wir stehen hier in einer Buchhandlung. Aus dem Blickwinkel unserer Fragestellung ist sie ein Laden der Worte. In Druckerschwärze geronnen steht hier ein Schatz an Worten in den Regalen oder liegt auf den Verkaufstheken. Sach- und Fachbücher bergen hier Informationen und Wissen. Ratgeber und Bücher zum Nachdenken bieten Orientierung, Motivation und Trost an. Romane, Geschichten und Science-fiction wollen die Phantasie beflügeln und garantieren Unterhaltung und Spannung.

Das Wunder braucht den Kairos

Die Buchhandlung ist ein wohl bestelltes Magazin an Worten, das angereichert mit Bildern, Graphiken und was sonst noch ein Buch attraktiver und lesenswerter macht, darauf wartet, von Menschen entdeckt zu werden. Wie am Ende des Winters die Knospen an einem Frühlingsstrauch auf einen Sonnenstrahl zur rechten Zeit warten, der sie zum Leben erweckt, so schlummern hier die Wunder der Worte und harren auf ihren rechten Augenblick, in dem sie im Leben eines Menschen aufblühen.

Worte finden wir hier in Hülle und Fülle, aber zu Wundern im Sinne von Rose Ausländer können sie nur werden, wenn sie einen Menschen in einem Kairos, in einem rechten Augenblick treffen.

Diese Einsicht führt uns im Grunde genommen heute zu einer Einweihungsfeier der neuen Buchhandlung zusammen. Denn diesen Kairos können wir suchen und unterstützen, aber herbeiführen muss ihn ein anderer: Gott.

Gottes Segen lässt die Wunder der Worte erblühen

Gottes Segen ist so etwas wie eine Tür zu den Wundern der Worte. Die Segnung, oder wie es volkstümlich bezeichnet wird, die Einweihung dieser Buchhandlung ist kein Zauberritual, keine Werbeaktion, die die Kasse klingeln macht.

Im Wissen, einen Kairos im Leben des Menschen muss Gott schenken, begehen wir diese Segnung als eine ritualisierte Bitte an Gott. Mit den äußeren Zeichen, dem Segenskreuz und dem Besprengen mit Weihwasser, bringen wir rituell zum Ausdruck: Gott hilf du mit, damit diese Buchhandlung eine Oase werden kann für die Nomaden des Lebens, die nach Worten des Trostes, der Motivation und Orientierung, der Information und Unterhaltung dürsten.

Selbst ein Berg von Büchern kann mir vorkommen wie eine steinige Wüste, wenn ich niemanden habe, der mich genau zu dem Buch führt, aus dem mir ein

Wunder erblüht. So ist diese Segenshandlung zugleich die Bitte an Gott: Er lasse alle, die hier arbeiten, für die suchenden Menschen, die hierher kommen, zu so etwas werden wie Pfadfinder. Mit ihrer Kompetenz und ihrem Erfahrungsschatz sollen sie Spuren deuten, Richtung und Wege angeben, wie Menschen das Wunder Worte entdecken können.
Und eine dritte Bitte schließt diese Feier ein: Gott, lasse die Menschen, die in diese Buchhandlung kommen, den Kairos, den rechten Augenblick, erfahren, in dem Worte zu Wundern erblühen und Türen aufstoßen zu neuen, ungeahnten Welten.

Hermann Würdinger

2. Segnung einer Bildungsstätte

RÄUME DER BEGEGNUNG

Text: 1 Kön 8, 22–29

Vorbemerkung: Spätestens seit Guardinis und Kahlefelds Zeiten ist die Burg Rothenfels bei Lohr am Main bekannt als ein Ort der Jugendbewegung und der liturgischen Erneuerung. Von einem Verein engagierter Christinnen und Christen gekauft und betreut, ist Rothenfels bis heute ein Ort der Begegnung, der Bildung, der Erneuerung. In den Räumen der Burg ist eine sehr gefragte Jugendherberge untergebracht, ebenso wichtig ist die Bildungsstätte im Status einer Landvolkshochschule mit einem Programm, das sich mit manch katholischer Akademie vergleichen lässt. Neben den Innenräumen der Burg mit dem großen Burgturm aus dem 14. Jahrhundert sind es vor allem das Amtshaus und eben die Zehntscheune, die zu Tagungen und Übernachtungen genutzt werden. Nach gründlicher Renovation und Modernisierung wurde die Zehntscheune für alle wieder zugänglich; dieser Neuanfang in Kontinuität zum Bisherigen sollte eigens bedacht und gesegnet werden; das geschah am 8. 9. 1995.

„Auf Burg Rothenfels ist gute Energie!“

Eine Frau, die es wissen muss – sie arbeitet des Öfteren hier –, pflegt mir zu sagen: „Auf Rothenfels ist gute Energie!“ Da geht man (und frau) anders weg, als sie kommen; da sind Sammlung und Einkehr möglich, und entsprechend Veränderung und Neuausrichtung. Da ist Leben möglich, nach innen wie nach außen: der Schmerz und die Lust der Veränderung kommen zu Wort und ans Licht. Wenn wir nun diese Zehntscheune in erneuerter Gestalt segnen, dann meinen wir just diese gute Energie – dass sie fließt und strömt, dass sie erdet und einwurzelt, dass sie Sinne und Herzen frei macht für alle, die hier ein- und ausgehen. Segnen heißt ja – im Lateinischen sehr plastisch „bene-dicere" – gutheißen, ausdrücklich begrüßen und für höchst erwünscht erklären. Segnen, das heißt: einschwingen in die strömende Lebensenergie, die das Angesicht der Erde und jedes Menschen erneuert; danach heiter werden, ganz, lauter, wahr. Wir brauchen solche Geist-Energie nicht erst zu produzieren und herzustellen, denn sie ist längst da, hier am Ort, zum Beispiel. Wir dürfen sie aber darstellen – ganz handfest in all den Einzelzimmern und Gruppenräumen, die nun hier zur Verfügung stehen, aber eben auch symbolisch in solch einer Segenshandlung bei der Feier der Neueinweihung.

Weltquadrat und Kreuz

Wir Christen begrüßen Gottes gute Energie und Schöpfungskraft im Zeichen des Kreuzes. In Reaktion auf das so genannte Kruzifix-Urteil ist, leider auch von christlicher, oder sagen wir besser, kirchlicher und politischer Seite, ungeheuer viel Unsinn geredet worden. In Wahrheit geht es ja im Kreuz seit Menschheitsgedenken um jenes Weltquadrat, das sich auch hier in diesem Raum abbildet: die Spannung zwischen Waagrechte und Senkrechte, die zweifach gespannte Polarität der vier Ecken; sie ist es, die uns das Da-Sein wortwörtlich einräumt – und in dieser kostbaren Quadratur des Kreises empfangen wir Gottes Segen und seine Energie. Die Senkrechte, in der z. B. ich vor Ihnen jetzt stehen darf, die waagrecht ausgebreiteten Arme – diese Lebensspannung ist der Mikrokosmos einer Gestalt, Inbild zugleich des Makrokosmos; das Lebenshaus, das Weltenhaus, das Gotteshaus; dieser Raum und alle Räume in diesem Haus sind als Ausdruck jener einräumenden Güte, jener universalen Weiträumigkeit, in der wir das Geheimnis Gottes selbst feiern und seine Energie verspüren. Ja, seine Liebe ist grenzenlos. Da sind viele Wohnungen, da ist Platz für jeden. Weiträumig und aufgeräumt ist er, absolut zuvorkommend.
Der Grundriss des Kreuzes, in dem wir uns segnen lassen und segnen, ist uns besonders wichtig als die Lebensgestalt Jesu: gerade bei ihm die Senkrechte vom Himmel zu Erde, vom Höllenabstieg nach unten bis zur Gottesheimkehr nach oben; nicht minder die Waagrechte der ausgestreckten Arme, mit denen er Welt und Mensch umarmt. Der Segen im Zeichen dieses Kreuzes konfrontiert uns mit der Welt – wie sie jenseits von Eden ist –, geprägt nicht zuletzt von viel Dummheit, viel Halbherzigkeit, viel Angst voreinander und Gewalt gegeneinander. Mitten in einer solchen Welt möge der Geist Jesu wirken und das Angesicht der Erde und jedes Menschen verändern – auch und gerade hier, in dieser Zehntscheune, in diesem Bildungsraum. Gottes gute Energie möge alle berühren und ergreifen, die hier arbeiten und einkehren.

Haus Gottes – für euch und für alle

So können wir uns segnend und betend einbergen in jenen großen biblischen Bericht von der Tempeleinweihung, zumal in Salomos Gebet: „Herr, Gott Israels, im Himmel oben und auf der Erde unten gibt es keinen Gott, der so wie du in Bund und Huld ‚seine Knechte' bewahrt, die mit ungeteiltem Herzen vor ihm leben. Du hast das Versprechen gehalten, das du deinem Knecht, meinem Vater David, gegeben hast. Deine Hand hat heute erfüllt, was dein Mund gesprochen hat. (Und nun, Herr, Gott Israels, halte auch das andere Versprechen, das du deinem Knecht, meinem Vater David, gegeben hast.) ...Wohnt denn Gott wirklich auf der Erde? Sieh, selbst der Himmel und die Himmel der Himmel fassen es nicht, wie viel weniger dieses Haus, das ich gebaut habe. Wende dich, Herr, mein Gott, dem Bitten und Flehen deines Knechtes zu! Höre auf das Rufen und auf das Gebet, das dein Knecht heute vor dir verrichtet. Halte deine Augen offen über diesem Hause bei Nacht und bei Tag, über der Stätte, von der du gesagt hast, dass dein Name hier wohnen soll ..." (1 Kön 8, 22–29). In der Tat eine unfassliche Aussage: der, den der Himmel und die Himmel der Himmel nicht fassen können, er hat unter uns gewohnt und er wohnt unter uns. Er ist da als die gute Energie der Schöpfung und Erlösung. Entsprechend formuliert *Augustinus* sehr schön: „Wir wachsen, wenn Gott uns segnet, und wir wachsen, wenn wir Gott segnen. Beides ist gut für uns. Jener nimmt nicht zu durch unseren Segen und nicht ab durch unseren Fluch. Wer dem Herrn flucht, nimmt selbst ab, wer den Herrn segnet, nimmt selbst zu. Das Erste ist, dass Gott uns segnet und darum können wir ihn segnen. Das eine ist der Regen, das andere die Frucht."

Mit den vier Elementen: ganz werden

Was könnten wir Besseres tun, als in unserer symbollosen Zeit und mit unserer hilflosen Glaubenssprache im Segen doch an die vier Weltelemente zu erinnern, also an den lebendigen Gott, den Schöpfer des Himmels und der Erde? Deshalb die Entzündung der Kerze zu Beginn mit dem österlichen Licht: Feuer als der erste Pol. „Wer mir nahe kommt, kommt dem Feuer nahe!" sagt ein altes Jesuswort. Möge es hier inspirierend zugehen, kreativ und konspirativ, also licht und erleuchtend. Mögen Funken überspringen und Gedankenblitze zünden – ein Feuer des Geistes, ein Licht der Vernunft. Dann zweitens die Luft, der Duft, die Aura, die Atmosphäre: im Zeichen des aufsteigenden Weihrauchs möge überall ein gutes Klima hier herrschen, ein Umgang miteinander, wo man sich riechen kann. Nicht dicke Luft und Smog, nein: eine gute Atmosphäre, heiliges Pneuma. Die Erde – drittens – mit ihrer mütterlichen Kraft: auf ihr steht dieses Haus; auf

ihr und dank ihrer geschieht das Leben. Wie gut, dass wir etwas unter den Füßen haben, ihn den lebendigen Gottesgrund. Der trägt. Schließlich das Wasser: das Wasser des Lebens und der Taufe, der Reinigung und der Fruchtbarkeit, Weihwasser in allen vier Himmelsgegenden dieses Raumes!
In diesen vier Weltelementen also sei alles gutgeheißen, was hier geschah und geschieht – im Zeichen des Kreuzes. Dieses Haus möge seinem Namen Ehre machen: die Zehntscheune als eine Stätte der Ernte, dank mutiger Aussaat, ein Speicher der Hoffnung, dank mutiger Veränderungs- und Sehnsuchtsarbeit; eine Schatzkammer guter Erfahrungen, dank genauer Erkundung; eine Zukunftswerkstatt, dank der Treue zur Vergangenheit – und in alldem: ein Ort der Lebensfreude und des Gotteslobes.

Gotthard Fuchs

3. Segnung einer Brücke

ZUGANG ZU NEUEN LEBENSUFERN

Zielsatz: Die Predigt nimmt die Segnung einer ‚Brücke' zum Anlass, die ‚Hörer/innen des Wortes' zu bewegen, den tragenden Grund ihres Daseins zu reflektieren, der über die verschiedensten Gräben hinweg Zugänge zu neuen Lebensufern aufspannt, und einlädt, die eigene ‚Berufung zum Pontifex' zu leben.

Texte: Gen 12, 1–3; Röm 12, 9–18

Brücken am Lebensnerv

Immer wieder hatte die Nato im Balkankrieg Brücken im Visier, um sie zu zerstören. Nächtelang – so konnte die ganze Welt am Fernsehbildschirm mitverfolgen – standen deswegen dort Frauen und Kinder auf den restlichen Brücken und verteidgten sie mit ihrem Leben. Wenn Bomben auf Brücken fallen, werden offenbar nicht nur strategische Ziele getroffen, sondern auch der Lebensnerv eines Volkes. Wo eine Brücke zerstört wird, führt dann nichts mehr hinüber und herüber. Da werden Gräben aufgerissen, die mitten durchs Herz gehen.

Brücken gebaut von Menschen

Eine Brücke kaputt zu machen, das geht relativ schnell. Eine Brücke zu bauen, das ist mühevoll und dauert seine Zeit. Viel Wissen und Geschick ist erforderlich, bis alles am richtigen Platz ist, bis die Pfeiler miteinander verbunden werden können, bis die Brücke das zu tragen vermag, was ihr zugemutet wird. Monatelang waren eifrige und sachkundige Menschen am Werk, bis diese Brücke, die wir heute segnen, so dastand, wie wir sie jetzt sehen. Da steckt viel Zeit und Geduld in diesem Werk. Herzlichen Dank allen, die diesen Bau ermöglicht haben. Denn sie haben dazu beigetragen, dass das Leben eine neue Qualität bekommt für alle, die diesen neuen Weg nun nutzen können.

Brückenbauer sind lebensnotwendig

Brücken verbinden zwei Ufer miteinander. Das, was getrennt ist, wächst aufeinander zu. Was drüben und weit weg ist, kommt näher. Neue Zugänge werden eröffnet, Begegnungen erleichtert, Gräben überwunden und Verbindungen geschaffen. Die Menschen können besser zueinander kommen.
Deswegen sind ‚Brückenbauer' wichtig. Sie erleichtern das Leben. Nicht nur, wenn sie Behelfsbrücken aufstellen, Luftbrücken organisieren oder große Betongebilde konstruieren. Sondern vor allem auch, wenn sie sich engagieren und Menschen in den verschiedensten Bereichen zusammenbringen, zerstrittene Parteien aufeinander zuführen, für gegenseitiges Verständnis werben und Annäherungen ermöglichen.

Christus, die Brücke zu Gott und den Menschen

Wer dazu beiträgt, dass das Leben gut wird, dass die Menschen zueinander kommen können, handelt im Sinne Jesu Christi. Er hat Himmel und Erde einander nähergebracht. Der Gottessohn ist die Brücke, auf der Gott sich auf die Menschen zubewegt hat. Und umgekehrt ist Christus der Weg, auf dem die Menschen zu Gott gelangen können.
Wer sich diesem Jesus von Nazaret nähert, wird etwas vernehmen von seiner göttlichen Botschaft vom Leben und von der Liebe. Jesus Christus ist der Weg, der Lebensqualität anbahnt. Er hat durch sein Leben und seine Auferstehung uns Menschen eine Brücke in den Himmel aufgespannt und eine Zukunft eröffnet, die weit über das menschliche Erdendasein hinausreicht.

Brückenbaukunst

Jesus Christus hat alle Menschen eingeladen, seinesgleichen zu tun, Brücken zu bauen, damit alle einander in Liebe begegnen und zu Gott finden können.

Brückenbauer zu sein, ist eine Kunst. Sie erfordert ganz besondere Eigenschaften, je nachdem ob es darum geht, Gräben im politischen oder zwischenmenschlichen Bereich zu überwinden oder mit seiner ganzen Person dafür einzustehen, dass das Leben gut wird.

Brückenbauer Johannes Nepomuk

Der Brückenheilige *Johannes von Nepomuk* (* um 1345, † 1393; Fest 16. Mai) hatte solche Eigenschaften. Deswegen steht in der Mitte vieler Brücken die Figur dieses Priesters aus Prag. Im 14. Jahrhundert hatte ihn der tyrannische König Wenzel von der Karlsbrücke in die Moldau werfen und ertränken lassen. Die Legende sagt: das Besondere an Nepomuk war, dass der einerseits mutig den Mund aufgemacht hat, wenn es darum ging, Unrecht beim Namen zu nennen. Und andererseits, dass er schwieg, wenn er ein Geheimnis zu hüten hatte, das ihm anvertraut war.

Zum „Pontifex" (Brückenbauer) berufen

Ich bin überzeugt, es braucht auch heute solche Brücken-Menschen, die das Wort der Bibel beherzigen: „Es gibt eine Zeit zum Schweigen und eine Zeit zum Reden!" (Kohelet). Schweigen heißt für mich dabei nicht: Ungerechtigkeit einfach hinzunehmen oder nichts zu sagen, weil ich zu feig bin. Schweigen heißt vielmehr: das, was ich höre, im Herzen bewahren zu können; zu überlegen, ob das, was ich sage, unbedingt gesagt sein muss, ob es der Verbindung zueinander nützt.

Und Reden heißt für mich nicht: überall mitzuplappern und alles besser wissen zu wollen, sondern das Schweigen dann zu brechen, wenn es um die Suche nach Wahrheit geht, auch wenn es Kopf und Kragen kosten kann.

Brücken in die Zukunft

Wo Christen ihre Berufung von Gott her leben, fest in ihm verwurzelt sind und mitten unter den Menschen stehen, dort bilden sie verlässliche und tragfähige Grundpfeiler für eine Gesellschaft, die noch viele Gräben zu überwinden hat. Wo sich überzeugte Frauen und Männer zum Wohl aller einspannen lassen, dort werden sie zum Segen für die Menschheit und leisten für die Zukunft einen Beitrag, der das hält, was Jesus Christus verspricht: Leben in Fülle.

Erwin Albrecht

4. Segnung von öffentlichen Verkehrsmitteln (Omnibus)

FAHRGEMEINSCHAFT MIT GOTT

Text: 1 Tim 4, 4–5

Zielsatz: Die Menschen werden angehalten, sich unter den Segen Gottes zu stellen, dabei aber die eigene Verantwortung nicht auszuschalten.

Gott ist der Urheber alles Guten und allen Segens

Wenn die Kirche segnet, dann handelt sie im Auftrag des auferstandenen Herrn und in der Kraft des Hl. Geistes, der uns als bleibender Beistand verliehen ist. Die Kirche preist Gott für seine Gabe. Sie ruft seinen Segen auf die Menschen herab und auf das, was sie schaffen und was ihnen dient. So bezeugen die Segnungen der Kirche die bleibende Sorge Gottes um den Menschen und seine Welt, das Geschenk seiner Güte und Menschenfreundlichkeit und seine ordnende und schützende Macht.

Der Mensch unterwegs auf den Straßen des Lebens

Leben ist ein ständiges Unterwegssein. Wer dabei als Mensch nicht vom Leben abgehängt werden will, der muss auch ständig unterwegs sein, solange seine Kräfte reichen. Wir alle sind ja heute so sehr und so viel unterwegs, dass nicht mehr gilt „heute hier, morgen da", sondern „heute hier, heute da". Immer längere Wegstrecken legen wir zurück in Beruf und Freizeit, um unser Leben in die Hand zu bekommen und zu gestalten. Und dabei helfen uns unsere Verkehrsmittel. Wir sind auf sie angewiesen, und sie sind zu einem unentbehrlichen Bestandteil in unserem Leben und im Leben unserer Gesellschaft geworden.

Unterwegs sein mit anderen

In der Regel sind wir allein oder in kleiner Besetzung unterwegs mit dem Auto. Doch in vielen Fällen ist es auch ein öffentliches Verkehrsmittel wie etwa der Omnibus, den wir für unsere Fahrten gerne benutzen. Ob es nun ein Linienbus ist, ein Schulbus, ein Bürgerbus oder ein Reisebus, immer sind wir in einer großen Besatzung von Menschen zusammen, von Menschen, die sich aus allen

Nationen, Kulturen, Religionen und den verschiedensten Menschentypen zusammensetzen. Bekanntlich heißt ja auch „Omnibus“ übersetzt „für alle“. Da braucht es unser aller Solidarität, Rücksichtnahme und viel Kommunikationsgabe, um ein menschliches und menschenwürdiges Klima untereinander zu schaffen. Da braucht es vor allem eine/n im wahrsten Sinne des Wortes „erfahrene/n“, verantwortungsbewusste/n Busfahrer/in, der/die die Busbesatzung heil an ihr jeweiliges Ziel bringt.

Im Zeichen der Segnung wird Gottes Nähe greifbar

Wenn wir in den verschiedensten menschlichen Lebenssituationen den Segen Gottes erbitten, erfahren wir damit seine Zusage von Schutz und Heil, von Freundschaft und Liebe, dass er an unserer Seite ist und uns auf allen Wegen begleitet. So segnet die Kirche bei der Segenshandlung für einen Omnibus nicht den toten Gegenstand Bus, sie segnet nicht so sehr Blech und Metall, Chrom und Karosserie, sondern die unzähligen Menschen, die dieses Fahrzeug benutzen und bei ihm ein- und aussteigen. Als Christen ist uns die Bedeutung eines solchen Segens bewusst, weil wir wissen, dass wir ohne den Herrn nichts zu tun vermögen (Joh 15, 5). Dazu brauchen wir auch sichtbare Zeichen wie etwa das Zeichen des Kreuzes. Das Kreuz, das uns gemeinhin begegnet, wenn es uns aufgeladen wird und niederdrückt, wird hier zum Siegeszeichen, das uns aufbaut und aufrichtet, das uns Rückendeckung und Lebenssicherheit verleiht. Es darf allerdings keine falsche Sicherheit bei uns aufkommen, die unser eigenes Bemühen und unsere Eigenverantwortung ausschaltet.

Unsere Verantwortung im Straßenverkehr

Wenn wir heutzutage so viel unterwegs sind, dann kann unsere Verantwortung nicht hoch genug eingestuft werden. Der Straßenverkehr erfordert einfach ein höheres Maß an Menschlichkeit. Die Straße erzieht zu einem Gemeinschaftsverhalten. Sie duldet nicht den Massenmenschen, sondern fordert den verantwortlichen, kommunikationsbereiten, ja geschwisterlichen Menschen. Würde jemand die Bibel an allen Stellen aufschlagen, wo vom „Verkehr“ die Rede ist (etwa die Missionsreisen des hl. Paulus), würden wir zu dieser Thematik nichts finden. Die Bibel ist nämlich kein Nachschlagewerk für gottgewollte Verhaltensweisen in allen Lebenslagen, sie ist keine Gesetz- und Vorschriftensammlung, aber sie schließt ein neues Welt- und Menschenverständnis auf. Damit erwächst dem Menschen die Aufgabe, in der jeweils neuen, unerwarteten Situation neue Verhaltensweisen, neues Ethos, neue Verantwortung zu übernehmen. Gott ist der Schöpfer und Erhalter. Er schafft und erhält Leben. Er will Leben ermöglichen, sichern und schützen. Er hat uns Menschen diesen Schöpfungsauftrag übertragen, er hat uns zu Hütern, Hegern und Pflegern seiner Schöpfung gemacht. Die Ehrfurcht vor dem Leben ist darum das besondere Kennzeichen christlichen Lebens. Jeder, der sich für das Leben einsetzt, arbeitet als Mitarbeiter Gottes und leistet eigentlichen Friedensdienst.

Die Friedensarbeit unserer Polizei

Als Polizeiseelsorger darf ich das mit Dank und Anerkennung einmal aussprechen: Unsere Polizeibeamten und -beamtinnen verrichten ihren unverzichtbaren Dienst als Friedensstifter/innen auf unseren Straßen. Einen Dienst kann ich nur *für* jemanden tun und niemals gegen ihn, wenn auch der Einsatz unserer Polizei meist als ein „Gegen uns“ empfunden wird. Gegen alles, was menschliches Leben bedroht, verletzt und gefährdet, ist polizeiliches Handeln gerichtet. Damit wird deutlich, dass es ein Dienst für alle ist. Wenn wir heute einen guten Tag und dazu eine ruhige Nacht erleben, dann verdanken wir das im hohen Maße dem Friedensdienst der Frauen und Männer unserer Schutz- und Kriminalpolizei.

Wir sind aufgerufen, uns mit dem Segen Gottes unserer Verantwortung zu stellen. Es liegt an uns, ob das Fahrzeug uns und den Mitmenschen zum Segen oder Fluch wird.

Winfried Wackerzapp

5. Segnung von Pkw

WENN DAS AUTO ZUM ZEICHEN FÜR GOTTES LIEBE WIRD …

Text: Tob 5, 1–10. 17b–e

Kein Freibrief

Wenn heute Ihr Auto gesegnet wird, dann ist das kein Freibrief dafür, dass nun nichts mehr „passieren“ kann. Auch „nützt“ der Christophorus im Cockpit nichts, wenn Sie sich betrunken ans Steuer setzen oder rücksichtslos oder zu schnell fahren. Sie kennen das Bonmot, dass Ihr Schutzengel bei Tempo 180 aussteigt, damit ihm nichts passiert. Es wäre ja auch eine ziemlich deutliche Erpressung Gottes, wenn man ihm nach einem Unfall den Vorwurf machen könnte: Wir haben dem Fahrzeug doch deinen Segen gegeben! Warum hast du den Unfall nicht verhindert? So weit sind wir heute schon wieder, wie damals die Menschen im Alten Testament: Durch nichts und gar nichts – weder durch Gebet, noch durch Segensgesten – können wir Gott zu einem bestimmten Verhalten bringen oder gar zwingen. Gott ist und bleibt radikal unverfügbar. Und dennoch sind wir gekommen, um zu beten und das Auto segnen zu lassen. Warum also, wenn nicht aus oben genannten Gründen?

Zeichen der Liebe Gottes

Ich finde es schön, wenn heutzutage der Segen und das Segnen wieder mehr in Übung kommen. Es gibt einen guten Grund, dass wir heute Ihr Auto segnen. Der gute Grund ist die Liebe Gottes. Alles kann uns zum sichtbaren Zeichen der Liebe Gottes werden: der geliebte Mensch, das Haus und die Wohnung, die Flur und die Felder, die Früchte und die Tiere, und natürlich auch die vielen Dinge, die ich gebrauche und die mir viel bedeuten. Und wer einen Sohn oder eine Tochter hat und sich an deren 18. Geburtstag erinnert, der weiß, was Führerschein und Auto einem Menschen bedeuten können.
Nun möchten Sie natürlich gerne wissen, inwiefern gerade das Auto Zeichen für die Liebe Gottes sein kann. Ich will es an einigen wesentlichen Punkten rund ums Auto kurz verdeutlichen.

Auto – mobil

Autofahren macht schon deshalb so viel Spaß, weil ich *selber* bestimmen kann, wohin ich fahre; ich kann mir *selber* die Straßen und Wege heraussuchen, die ich fahren will. Ich kann also *selber* das Ziel meiner Reise bestimmen. Dabei kann ich *selber* entscheiden, wann ich abfahre und wann ich eine Pause einlege. Das Wort „Automobil" drückt dies ja ganz besonders gut aus: *„selbstbeweglich"*.
Das ist ein erster deutlicher Hinweis auf die Liebe Gottes zu uns Menschen. Gott will, dass jeder Mensch seinen eigenen Weg im Leben geht. Er soll selber entscheiden, welchen Weg (oder auch Umweg) er einschlagen und wo im Leben er seine Pausen einlegen will. Gott will nicht, dass der Mensch sich abhängig macht, weder von dem Willen der Eltern, noch von den Einflüsterungen der Werbung oder der öffentlichen bzw. veröffentlichten Meinung. Gott will jeden Menschen mit seinen ganz individuellen Fähigkeiten und Entscheidungen. Und das wirklich Beglückende daran ist, dass Gott „dabei ist", denn er ist ja seit jeher der „Mitgeher-Gott". Modern gesprochen: Er ist unser Beifahrer-Gott. Auf welchem Weg auch immer ich gehe oder auch gehen muss, Gott ist

dabei. Wie wohltuend ist es, dass der Mensch sich nicht von anderen Menschen, Ideologien oder von irgendeiner irdischen Macht „treiben“ zu lassen braucht, sondern dass er wahrhaft „auto-mobil“ ist.

Der Fahrgastraum

Das durchschnittliche Auto hat Platz für mehrere Personen. Zwar bin ich immer wieder überrascht, wenn ich im Münchner Straßenverkehr die Autos in langen Kolonnen fahren sehe, wie viele Einzelfahrer es gibt. Da fragt man sich, weshalb man so viel Blech braucht, um einen einzigen Menschen von A nach B zu transportieren. Selbst die Autohersteller wollten es eigentlich anders, denn sie haben pro Auto in der Regel mehrere – mehr oder weniger bequeme – Sitzplätze vorgesehen.
Auch darin kann ich ein Zeichen der Liebe Gottes entdecken. Gott will, dass der Mensch nicht nur an sich denkt, sondern auch anderen „Raum“ gibt. Nach Gottes Willen sind wir Menschen auf Gemeinschaft angelegt: in der Partnerschaft, in der Familie, in der Gemeinde, in den Orden. Denken Sie zumindest daran, wenn Sie in Ihr Auto steigen und dort die leeren Plätze sehen!

Der Kofferraum

Ganz wichtig ist auch der Kofferraum eines Autos. Seine Größe ist oft entscheidend beim Autokauf. Er erinnert daran, dass wir nicht „lastenfrei“ durchs Leben gehen. Lasten, manchmal auch sehr schwere, gehören einfach dazu. Wären sie nicht vorgesehen, hätten die Hersteller sicherlich auf den Kofferraum verzichtet.
Auch hier lässt sich schnell das Zeichen für die Liebe Gottes entdecken. Gott mutet in der Tat dem Menschen manches zu, oft schwere Lasten. Aber er hat auch den „Kofferraum“ mitgeliefert, damit der Mensch sie tragen kann. Und interessanterweise lädt Gott dem Menschen nicht mehr auf, als er in *seinem* Kofferraum unterbringen kann. Und nicht selten ist im Kofferraum sogar noch Platz für das Gepäck von anderen. Es ist ein ganz besonders netter Zug von einem Autofahrer, wenn er in diesem Punkt großzügig ist.

Die Reifen

Auch die Reifen können zum Zeichen für die Liebe Gottes werden. Die Reifen sorgen für eine optimale Bodenhaftung. Gott will, dass wir unser Leben nicht in einem Wolkenkuckucksheim leben, sondern fest mit der Erde verbunden. Je besser die Bodenhaftung, desto sicherer wird meine Autofahrt.

Das heißt doch: Gott will uns Christen „mitten in der Welt“, nicht in einer Sonderwelt. Er will uns zwar *in* der Welt, aber nicht *von* dieser Welt. So sind ja auch die Reifen nicht mit dem Material des Bodens, mit Ackererde, gefüllt, sondern mit Luft. Die Luft aber ist das Material des Himmels. Nicht umsonst heißt der Geist, der die Gemeinde und die Kirche „bewegt“, ruach (Wind, Hauch, Pneuma). Wer sich in seinem Leben von der Kraft des Himmels, vom Heiligen Geist bewegen lässt, dem gelingt auch die Bodenhaftung am besten.

Das Fahrgeräusch und die Hupe

Ein intaktes Auto, dessen Fahrer mit dem Gaspedal keine Spielereien treibt, hat durchwegs ein angenehmes Fahrgeräusch. In der Regel wird die Unterhaltung der Insassen nicht gestört. Nur bei unmittelbarer Gefahr wird die Hupe betätigt und sie übertönt dann alles andere. Ein Dauergehupe würde jedoch jedes Gespräch unmöglich machen und die Fahrt zur Qual werden lassen.
Hier können wir als Gemeinde und als Kirche einiges lernen. Das „Fahrgeräusch“ der Kirche soll die Kommunikation der Menschen nicht beeinträchtigen. Das Fahrgeräusch „wie nebenbei“ zu hören ist angenehm, weil es zeigt, dass das Auto „in Betrieb“ ist und dass die Fahrt „weitergeht“. Wenn das Eigengeräusch jedoch zu laut wird, dann ist meist am Auto etwas defekt. Gelegentlich darf auch die Hupe ertönen. Natürlich nur dann, wenn Gefahr droht. Gefahr meint in diesem Fall: wenn der Mensch in seinem Menschsein bedroht ist, sei es zu Beginn seines Lebens oder an seinem Ende oder wenn menschenverachtende Entwicklungen in der Wissenschaft den Leuten „schmackhaft“ gemacht werden sollen. In diesen Fällen dürfen die Christen ruhig mal kräftig auf die Hupe drücken. Auch dies ist dann ein Zeichen der Liebe Gottes, weil die Welt daran erinnert werden muss, dass Gott jeden Menschen von Anfang an achtet als sein Ebenbild.

Der Segens-Wunsch

Vielleicht ist es für Sie reizvoll, noch weitere Zeichen für die Liebe Gottes rund ums Auto zu entdecken. Einige haben wir uns angeschaut, und ich bin fest davon überzeugt, dass Gott seinen Segen dazu gibt. Deshalb besprengen wir nun das Fahrzeug mit geweihtem Wasser und sprechen dazu das Segensgebet. – Und mein Wunsch zum Schluss soll nicht nur heißen „Gute Fahrt!“, sondern auch: „Seien Sie als Autofahrer ein deutliches Zeichen für die Liebe Gottes!“

Hubert Brosseder

Zweiter Teil

Bibel-Theologischer und Anthropologisch-Liturgischer Hintergrund

I.

Grundlinien einer biblischen Theologie des Segens

I.1
Alttestamentlich von Gottes Segen reden

1.1 Der universal Leben spendende Gott

Das Alte Testament verkündet die frohe Botschaft des der Welt und den Menschen zugewandten Gottes mit elementaren Bildern und mit theologisch gefüllten Begriffen. Einer dieser zentralen Begriffe, der uns im AT 398-mal begegnet, und zwar als Zeitwort und als Hauptwort, abgeleitet vom hebräischen Stamm brk, ist das Wort Segen/segnen. Im Buch Genesis finden sich Wörter von diesem Stamm 88-mal, davon allein 82-mal in der Vätergeschichte; das theologisch so wichtige Buch Deuteronomium bringt es auf 51 Stellen. Segen/segnen bedeutet als Zusammenfassung des Heil schaffenden Wirkens Gottes eine von ihm ausgehende Kraft. Segen steht für Leben, Sinnhaftigkeit, Fruchtbarkeit bei Mensch, Tier und Acker, aber auch für Sieg und Sichdurchsetzen gegenüber anderen. In beiden Büchern bringt dieses Wort eine in Exils- und Nachexilszeit notwendige Trostbotschaft für Israel, das sich von Fluch und Todesmächten bis ins Letzte bedroht sieht. Segen/segnen bedeutet auch dankbares Gotteslob, ferner das Zusprechen einer höheren Lebensqualität für den Frommen und für die Mitmenschen. Verwandte Begriffe, die Gottes Heilshandeln aussagen, sind z. B. schalom/Fülle des Heils, kabod/Herrlichkeit oder z^{e}daqa/Bundestreue/ Solidarität. Als Kurzformel des Heilshandelns Gottes meint Segen die Überwindung von Fluch und Chaos (vgl. Gen 1, 9), die Entmachtung von Sünde und Tod, welche die Menschheit stets bedrohen. Dabei macht der Segen Gottes deutlich: „Die Schöpferliebe Gottes zu allem Geschaffenen ist die stärkste Weltmacht“ *(Felicitas Betz)*. Von Gott allein geht aller Segen aus; von ihm allein erhält er seine Leben spendende und befreiende Mächtigkeit. Daher wird Segen dem Menschen als unverdiente Gnade geschenkt. Er hängt also nicht von

Tugend oder Gescheitheit ab, sondern darf nur als Geschenk des uns liebenden Gottes verstanden werden. Gottes Segen erweist sich als Vorgabe, die all unserer dankenden Antwort vorausgeht. „Gott hat mich schon angeschaut, bevor ich ihn anschaute“ *(Klaus Hemmerle).* Gottes Segensmacht erweist sich aber nicht nur als dem Menschen zugewandt, vielmehr belebt er die ganze Schöpfung. So betet der israelitische Bauer bei der Darbringung seiner Erstlingsfrüchte: „Blick von deiner heiligen Wohnung herab, und segne dein Volk Israel und das Land, das du uns gegeben hast“ (Dtn 26, 15). Das AT, von manchen fälschlicherweise als bloße Sammlung von einschränkenden Gesetzen verstanden, enthält ja vor allem Hinweise auf Gottes gnädigen Willen, der uns entgegenkommt und uns anspricht, woraus uns Segen und Leben in Fülle erwachsen. Das besagt auch die häufige Nennung Jahwes als Bundesgott „der Herr, dein Gott“ im Buch Deuteronomium. Gottes Segen begleitet ja alles menschliche Tun. So bekennt Dtn 2, 7: „Der Herr, dein Gott, hat dich reich gesegnet bei der Arbeit deiner Hände.“ Dieses Entgegenkommen Gottes stellt einen Grundzug des atl. Glaubens dar, der in gleicher Weise für die Kirche gilt. „Das Christsein beginnt nicht mit dem kategorischen Imperativ ‚Du sollst Gott lieben‘, sondern mit dem kategorischen Indikativ ‚Du bist von Gott geliebt‘!“ *(Franz Kamphaus).* So künden uns die vom Stamm brk abgeleiteten Wörter Gottes Liebe als Heil schaffende Macht und als die uns tragende Wirklichkeit.

1.2 Bereiche des Segens Gottes

Das Erste und Wichtigste bei Gottes Segen ist die Tatsache, dass er den Menschen und die ganze Schöpfung umfasst und in seinen Segensbereich einbezieht. Das lässt sich im ersten Schöpfungsbericht (Gen 1, 22. 28) und bei der Neubestätigung der Welt nach der Sintflut (Gen 9, 1) ablesen. Auch dass Gott den Sabbat segnet (Gen 2, 3), eröffnet allem Geschaffenen Zugang zu Gottes ewigem Heilsbereich. Gottes Segen garantiert auch Schutz und Mitsein. So verheißt Gott dem Segenserben Isaak in Gen 26, 3: „Ich will mit dir sein und dich segnen.“ Als Früchte des Segens Gottes ergeben sich Glück, Erfolg, Sieg, Befreiung, Wohlstand; alles Werte, die Israel, das lange Jahrhunderte nicht an ein Weiterleben bei Gott glaubte, als Zeichen der Zuwendung Gottes sehr viel bedeuteten. Auch die beiden Verheißungsgüter der Bibel, Volk und Land, welche Abraham bei seiner Berufung in Gen 12, 2 f versprochen werden, erweisen sich als Ausfluss des Segens Gottes. Verbunden mit der Verheißung zahlreicher Nachkommenschaft – „Segen von Brust und Schoß“ (Gen 49, 25) –, ist auch die

Fruchtbarkeit von Tier und Ackerboden, der doch um des Menschen willen unter dem Fluch stand (Gen 3, 17; 4, 12). Auch wenn die Menschen im Alten und im Neuen Bund diese Segensgüter immer wieder verspielen, erweist sich Gott doch als „ein versöhnlicher Mächtiger" *(Adrian Schenker)*, der sein Segensangebot immer wieder erneuert und den längeren Atem hat als alle Todesmächte. Deshalb dürfen sich die Menschen wie einst Jakob (Gen 32, 23–33) stets an der Treue Gottes anklammern und sprechen: „Ich lass dich nicht los, wenn du mich nicht segnest" (32, 27). Dabei sollen wir allerdings wissen: „Es steht nicht so, dass wir uns zu Gott durchkämpfen; vielmehr kämpft Gott sich zu uns durch, und zwar letztlich über uns hinweg" *(Gertrud von LeFort)*. Eine kleine Liste von Segensgütern bietet Dtn 28, 3–6: „Gesegnet bist du in der Stadt und auf dem Land; gesegnet ist die Frucht deines Leibes, dein Acker und dein Vieh, dein Korb und dein Backtrog; gesegnet bist du, wenn du heimkehrst und wenn du ausziehst." An die Erfüllung der Verheißungen Gottes erinnert Mose in Dtn 2, 7; 7, 14: „Der Herr, dein Gott, hat dich reichlich gesegnet. Du wirst mehr als die anderen Völker gesegnet sein; weder Mann noch Frau, noch Vieh, nichts wird bei dir unfruchtbar sein." Dtn 7, 13 verweist auf die Zuverlässigkeit der Zusage: „Der Herr, dein Gott, wird dich lieben, dich segnen und dich zahlreich machen; er wird die Frucht deines Leibes segnen." Das kleine Israel war jedoch in seiner Geschichte stets versucht, sich angesichts der großen Weltmächte selbst aufzugeben. Daher hält es fest an Gottes Treue und an dem Segenswunsch von Dtn 1, 11: „Der Herr lasse eure Zahl auf das Tausendfache wachsen und segne euch, wie er es versprochen hat." Die gute Erfahrung Israels mit Gottes Führung in seiner Geschichte spricht Eliezer, der Knecht Abrahams, mit einer baruk-/Gesegnet-Formel aus: „Gepriesen sei der Herr, der Gott meines Herrn Abraham, der es meinem Herrn nicht an Huld und Treue fehlen ließ und mich geradewegs hierher geführt hat" (Gen 24, 27). So darf auch die Kirche aufgrund ihrer jahrtausendelangen Erfahrung Gottes Führung und seinen Segen dankbar preisen und Gott ‚segnen' in ihrem Gotteslob, das nie mehr verstummen wird.

1.3 Gotteslob als Segen für mich selbst

Der Gläubige erhält Gottes Segen zunächst als ein Geschenk an sich selbst, bevor er es weitergibt. So erfährt es Josef nach Gen 39, 2: „Der Herr war mit Josef, und so glückte ihm alles." Zu Recht wird einem solchen die baruk-/Gesegnet-Formel zugesprochen, der sich dem Segen Gottes öffnet, ihn dankbar empfängt und in sich wirken lässt. Als Wege, um des Segens teilhaft zu werden, nennt die Bibel das Hinhören auf Gottes Wort, das uns seine Heil schaffende Kraft vermittelt. So in Dtn 11, 27: „Ihr seid im Segen, weil ihr auf die Gebote des Herrn, eures Gottes, hört." Wir selbst stellen uns in den Bereich göttlichen Segens, wo wir unsererseits Gott loben/preisen. Segen als wirksames Wort vermittelt uns auch der Kult in seinen verschiedenen Formeln und Riten, wie auch die Sakramente und Sakramentalien der Kirche uns in den Segensbereich Gott einführen. So verspricht es Gott in Dtn 28, 8: „Der Herr befiehlt dem Segen, an deiner Seite zu sein." Auch immer dann, wenn wir Gottes Segen an andere weitergeben, erfahren wir gleichsam als Rückwirkung seine segnende Mächtigkeit. Das Wissen um dieses mein Stehen im Segensbereich Gottes lässt die gottgeschenkte Würde meines Menschseins erahnen. In diesem Sinne schreibt *Romano Guardini:* „Im Credo fehlt ein einziger Satz: Ich glaube an mich selbst, dass nämlich alles, was mir von Gott zugesagt ist, auch Wirklichkeit wird." Das neue Leben aus Gott und die Fülle des uns zuteil gewordenen Segens Gottes lassen auch uns diesen kühnen Satz nachsprechen. Wir gewinnen ein solches Selbstbewusstsein mit Blick auf Gottes gnädiges Entgegenkommen, das ein Ausfluss jener Wirklichkeit des uns geschenkten vielgestaltigen Segens ist, dessen Größe wir nicht ermessen, sondern nur dankbar annehmen können.

1.4 Die Weitergabe des Segens Gottes

Der Segen Gottes, der uns geschenkt ist, befähigt und verpflichtet uns, dieses sein Geschenk weiterzugeben. Das geschieht z. B. durch die baruk-Formel, die wir anderen sagen: „Gesegnet/gepriesen bist du, weil …" Das geschieht auch, wenn wir einander eine gesegnete Zeit wünschen. Dabei geht es nicht um leere Worte, sondern um die Heil schaffende Kraft unseres Gottes. Diese bezieht ihre Kraft aus der Tatsache, „dass Gott uns zuerst geliebt hat" (1 Joh 4, 20). Im liebenden Aufeinanderzugehen vermitteln wir anderen Gottes Segen, erweisen wir uns als Abglanz der Güte und Menschenfreundlichkeit unseres Gottes. Wie Israel damals gilt uns Christen heute: „Niemand kann den Glauben an Gott verkünden, der nicht Treue zum Menschen übt und Glauben an ihn hat" *(Elmar Klinger).* Durch unsere Solidarität bauen wir die Segenszone Gottes auf, die unserem Leben eine neue Qualität verleiht. So erfährt der Barmherzige selbst die Kraft des Segens. „Der Arme, dem du den Mantel zurückgegeben hast, wird dich segnen" (Dtn 24, 13). Auch die Feier von Festen und heiligen Zeiten vermittelt anderen Gottes Segen und viel Glück aus dem Kraftbereich der Segensmächtigkeit Gottes. In allen Situationen des Lebens dürfen wir einander segnen im Wissen, dass dabei Gottes Macht hinter uns steht. Das beinhaltet: „Ich empfange, was ich mir selbst nicht besorgen kann; ich tue, was nicht von mir kommt; ich bin Träger dessen, was Gott mir anvertraut hat" *(Franz Kamphaus)*. So werden wir für unsere Mitmenschen zu Zeugen des uns in Liebe zugewandten Gottes und geben seinen Segen weiter im Wissen um die Wirklichkeit Gottes, die hinter unseren Segenswünschen steht. So erfüllen auch wir den Auftrag Gottes an Abraham: „Ein Segen sollst du sein" (Gen 12, 3). In Gen 1 und 2 vertraut Gott uns Menschen seine Schöpfung an, damit wir sie hegen und pflegen und in der Kraft des Schöpfers allen Todesmächten eine Absage erteilen.

Joseph Bernhart bemerkt dazu: „Nur in der Gestalt des Segnens ist dem Menschen die Herrschaft über die Schöpfung zugesprochen." So sollen wir also den umfassenden Segensauftrag ausführen. Ehegatten segnen einander; Kinder segnen ihre Eltern und umgekehrt. Vor Reisen wird ein Segen ausgesprochen, so z. B. durch Isaak in Gen 28, 1 über Jakob. Ähnlich auch beim Beginn einer Ehe, etwa in Gen 24, 60: „Die Frauen segneten Rebekka und sagten zu ihr: Du, unsere Schwester, werde Mutter von tausendmal Zehntausend." Sterbende segnen ihre Kinder. So tut es Jakob in Gen 48 bei den beiden Söhnen Josefs und in Gen 49 bei seinen zwölf Söhnen; Mose spricht in Dtn 33 vor seinem Tod seinen großen Segen über ganz Israel. Bei all solchem Segnen ist aber zu wissen: „Alles, was die Menschen sagen können, ist nur Vorwort; das eigentliche Wort spricht Gott selbst" *(Heinrich Spaemann)*. Ein einmal ausgesprochener Segen kann nicht mehr rückgängig gemacht werden. So sagt Isaak zu dem vom Jakob betrogenen Esau: „Ich habe ihn gesegnet; gesegnet wird er auch bleiben" (Gen 27, 33). An der Durchführung seines Heilsplans lässt sich Gott nicht hindern, auch wenn Berufene wie Abraham in Gen 12, 10–20 vor ihrer Aufgabe fliehen. Er zieht seine Segenslinie, wie es auch der Stammbaum Jesu zeigt, bis sie in ihm „in der Fülle der Zeit" (Gal 4, 4) ihr Ziel erreicht. Daher gilt auch der Kirche mitsamt ihren vielen Schwachpunkten: „Der Herr befiehlt dem Segen, an deiner Seite zu sein" (Dtn 28, 8).

1.5 Sich segnen durch die Gottgesegneten

Wer die im Segensbereich Gottes Stehenden erkennt und anerkennt, erlangt für sich selbst Segen und preist dafür Gott. Das beruht auf der Zusage Gottes an Abraham, mit dem Gott unwiderruflich seinen Heilsplan in Kraft setzt: „Ich will die segnen, die dich segnen" (Gen 12, 2). Auch der heidnische

Priesterkönig Melchisedek erkennt in Abraham den Gesegneten Gottes und preist ihn: „Gesegnet sei Abraham vom Höchsten Gott, dem Schöpfer des Himmels und der Erde“ (Gen 14, 18), und er stellt sich so in den Segensbereich des Gottes Abrahams. Die gleiche Zusage erhält Jakob von seinem Vater in Gen 27, 29: „Gesegnet, wer dich segnet.“ So erfuhr es Potifar um Josefs willen: „Der Herr segnete das Haus des Ägypters um Josefs willen“ (Gen 39, 5). Laban bekennt gegenüber Jakob in Gen 30, 27: „Jahwe hat mich deinetwegen gesegnet.“ Gottes Segen aber weiterzugeben und so andere zu Gott, dem Spender allen Segens, hinzuführen, ist Aufgabe Israels und ebenso der Kirche. „Wir müssen den anderen Wegeführer sein bei der Suche nach dem Geheimnis menschlichen Lebens, um dort Gott auf die Spur zu kommen“ *(Franz Kamphaus).* Die zum Lebensbereich Gottes Hingeführten erlangen so Gottes bleibenden Segen. „Die Leviten, die Fremden, die Witwen und die Waisen werden satt, damit der Herr, dein Gott, dich stets segne bei der Arbeit, die deine Hände tun“ (Dtn 14, 29). Die Glaubwürdigkeit unserer Segenstätigkeit und ihre Annahme durch die anderen sind also abhängig von unserer gelebten Barmherzigkeit.

1.6 Das Segnen/Loben Gottes

Die Wörter vom Stamm brk, die im Deutschen nicht nur segnen, sondern auch loben/preisen bedeuten, gehen sehr oft in Richtung des Lobes des uns beschenkten Gottes. Das Hauptwort b^{e}raka/Lob- und Dankgebet entspricht dem griechischen eulogia/eucharistia. Das Zeitwort brk bedeutet also, Gott als Quelle und Inbegriff allen Segens zu loben, zu preisen und ihm zu danken. Mit solchem Gotteslob bekennt sich Israel zum Bundesgott, „dem Herrn, seinem Gott“. Ihn zu loben, bedeutet den Höhepunkt alles Menschseins und auch der Theologie.

Wichtiger als das Reden über Gott, die Theologie, ist das lobpreisende Reden zu Gott, die Doxologie als Bewunderung seine Größe, Liebe und Segensmächtigkeit. „Der Lobpreis ist das elementarste Merkmal der Lebendigkeit schlechthin“, schreibt *Gerhard von Rad.* Zum frohen Gotteslob lädt Dtn 12, 7 ein: „Ihr sollt fröhlich sein, weil der Herr, dein Gott, dich gesegnet hat.“ So bekennen wir uns zu unserem Gott, „der uns alles schenkt, damit wir ihm dieses alles wieder schenken können“ *(Hans Urs von Balthasar).* Das geschieht im Kult und an den großen Festen, in denen Israel und auch die Kirche die Großtaten Gottes lobend und dankend feiern. Gott selbst ist aber nicht auf unser Lob angewiesen, uns jedoch vermittelt das Gotteslob Segen und Leben in Fülle. Daran hält sich Israel in der Anfechtung durch große Notzeiten, so vor allem in der Exils- und Nachexilszeit. Durch das Gotteslob und die Weitergabe des Segens Gottes arbeiten wir mit an dem Ziel der ganzen Menschheitsgeschichte: Dass sich alle Welt dankbar zum Schöpfer- und Erlösergott bekennt und in das große Lied der vom Herrn Gesegneten einstimmt. Alle, die so von Gottes Segen leben und sich im Segensbereich ihres Gottes für Zeit und Ewigkeit geborgen wissen, dürfen jubelnd bekennen: „Der Herr, dein Gott, hat für dich den Fluch in Segen verwandelt, denn der Herr, dein Gott, liebt dich" (Dtn 23, 6).

Otto Wahl

I.2
Jesus Christus, Gottes Segen für sein Volk

2.1 Glück und Segen

An Wendepunkten des Lebens ist heute immer noch vom Segen die Rede: „Viel Glück und viel Segen“ wünschen wir dem Geburtstagskind; das neue Jahr wird mit Segenswünschen an Nahe- und Fernerstehende begrüßt. Was will man damit eigentlich sagen? Soll der Segenswunsch mehr oder anderes bedeuten als die gut gemeinte Zusage: ich denk' an dich und möchte, dass du in der dir bevorstehenden Lebensphase Glück hast? Glück haben: Ist das denn nicht das A und O; kann man überhaupt „mehr“ wünschen?

Der Segenswunsch will, wenn er ernst gemeint ist, das Glück des anderen. Er „realisiert“, dass das Glück nicht sichtbar ist; dass es letztlich nicht das Resultat zielgerichteter Anstrengungen sein kann. Ob Glück auf die Dauer nur der Tüchtige hat, sei dahingestellt. Aber es ist klar: auch der „Tüchtige“ kann sich den guten Ausgang nicht durch seine Tüchtigkeit sichern. Er ist darauf angewiesen, dass seine Initiativen nicht ins Leere gehen, dass ihm die „Gunst der Stunde“ zuteil wird; vielleicht auch nur darauf, dass ihm der Zufall zu Hilfe kommt.

„Glück gehabt“ – „Erfolgreich gewesen“: Fußballer und andere Spieler sehen da schon mal Gott im Spiel. Und es macht ihnen bei ihrem saloppen Geschwätz wenig aus, Gott in die „schwierige Lage“ zu bringen *(Wolfdietrich Schnurre)*, sich mit seiner Gunst zwischen Hertha BSC und Schalke 04 entscheiden zu sollen. Müsste man nicht einwenden, Glück sei keiner der Namen Gottes, den Segen aber dürfe man von Gott – und nur von ihm – erwarten?

2.2 „Sei ein Segen!“

Ganz lassen sich Glück und Segen aber auch nicht auseinander dividieren. Der Segen, der von Gott kommt, der sich dem Segen Gottes verdankt, ist durchaus irdisch und sinnenhaft. Er „ruht“ auf einem Glücken, bei dem mehr erlangt wird als das Quentchen Glück, das den Sieg von der Niederlage trennt. Der Segen des Schöpfers gibt der Schöpfung das Gut- und Schönsein (hebräisch: tow) mit. Ganz konkret gilt dieser Segen der Fruchtbarkeit der Lebewesen. Er erweitert sich für die Menschen auf das gute Wohnenkönnen in einer Schöpfung, die Lebensraum und Lebensreichtum gewährt (vgl. Gen 1, 22 bzw. 28).

Der Segen ist das, was Gott an Gut- und Schönsein in die Schöpfung hineingelegt hat. Gesegnet ist, wem dieses Gut- und Schönsein zugute kommt, wer es schützt und konkret zur Auswirkung bringt. Wer gesegnet ist, mit dem – und durch den – wird es gut, wird es so, wie Gott es seinen Geschöpfen zugedacht hat. Gesegnet kann deshalb nur sein, wer dem Gut- und Schönsein des Gott Gegebenen dient, wer die Tora – Gottes Wegweisung, sein Geschenk recht zu gebrauchen – einhält und durchsetzt.

Über ihn kommt – so *Martin Bubers* Übersetzung von Spr 24, 25 – „die Segnung des Guten“ (nach der Einheitsübersetzung: Segen und Glück). Die Segnung des Guten wird ihm zuteil, und sie geschieht durch ihn. Er wird selbst zum Segen. So wird es Abraham, dem Stammvater des erwählten Volkes, zugesprochen („ich werde dich zu einem großen Volk machen, dich segnen und deinen Namen groß machen. Ein Segen sollst du sein“; Gen 12, 2; vgl. Gen 26, 3–6); so ist es dem König verheißen („Du machst ihn zum Segen für immer, wenn du ihn anblickst, schenkst du ihm große Freude“; Ps 21, 7). Für das Neue Testament ist es *Jesus Christus,* der Gesalbte, an dem und durch den diese Verheißungen wahr werden. Petrus knüpft mit seiner Jesus-Predigt vor den Juden ausdrücklich an den Abraham zugesagten Bundessegen an:

> „Ihr seid die Söhne der Propheten und des Bundes, den Gott mit euren Vätern geschlossen hat, als er zu Abraham sagte: In deinem Samen sollen alle Geschlechter der Erde Segen erlangen. Für euch zuerst hat Gott seinen Knecht erweckt und gesandt, damit er euch segnet und jeden von seiner Bosheit abbringt“ (Apg 3, 25f).

Jesus Christus ist der Segen des Abraham-Bundes in Person. Allen, die die Gemeinschaft mit ihm suchen und seiner Frohbotschaft Glauben schenken (vgl. Röm 15, 29), wird er zum Segen. Durch die Gemeinschaft mit ihm „im Himmel“ hat uns „der Gott und Vater unseres Herrn Jesus Christus ... mit allem Segen seines Geistes gesegnet (Eph 1, 3). Er segnet die Kinder, die bei ihm Gottes Nähe suchen (Mk 10, 13–16 parr.), und die Boten des Evangeliums für ihre lebensgefährliche Mission (Lk 24, 50). Er heißt sie, auch die zu segnen, die ihnen fluchen (Lk 6, 28); und er flucht selbst denen nicht, die ihn ans Kreuz bringen (Lk 23, 34). Aber was macht den Segen aus, der er in Person ist, den er bringt und den er die Seinen weiterzugeben auffordert?

2.3 Gottes Segen in Jesus Christus ist stärker als der Fluch

Einen wichtigen Hinweis gibt zweifellos die an die „Seligpreisungen“ Jesu angeschlossene Forderung Jesu in der lukanischen Feldrede, die zu segnen, „die euch fluchen“. Dieser Segen darf bezeugen, dass Gott selbst dem Fluch, der aus dem Bösen immer wieder nur das Böse hervorgehen lässt, mit seinem Segen widersteht, den Fluch mit Segen beantwortet. Jesus Christus ist Gottes Segen in Person, weil er mit Vollmacht den Sieg des Segens über den Fluch lebt: den Durchbruch des guten Schöpferwillens inmitten einer Welt, die dem Fluch anheimgegeben und von den Fluchenden verloren gegeben scheint. Der Segen für die, die sich zum Fluch verführen lassen und ihm so Raum geben, ist keine hilflose Geste, weil sie Gottes eigene „Entfeindungsliebe“ zum Ausdruck bringt und sich in ihren Dienst stellt.

Segnen, wo man flucht: darauf setzen, dass es gut werden kann, wo alles verdorben und ausweglos scheint; den guten Willen Gottes bezeugen und darauf setzen, dass er geschieht, wo nur noch die Durchsetzung des eigenen Willens im Blick ist. Wer das riskiert, der *ist* ein Segen. Er unterbricht die Auswirkungen des Fluchs, da er mit seinem Segnen Gott in der Situation des Fluchs vergegenwärtigt und die vom Fluch Ergriffenen in Gottes heilvolle Gegenwart ruft. Jesus Christus ist ein Segen, weil er sich – so Paulus – mit denen einließ, die vom Fluch ergriffen waren, um auch ihnen Gott und seinen guten Willen erfahrbar zu machen (vgl. Röm 7). Gott machte ihn zum Segen, da er ihn dem Fluch des Todes entriss und durch ihn – den Auferstandenen – „mit allem Segen seines Geistes“ segnet, die sich segnen lassen und dem Fluch widerstehen wollen.

2.4 Fluch und Segen: Mythologie oder Glaubenswirklichkeit?

Diese bibeltheologischen Überlegungen führen uns – wie es scheint – in eine fremde Welt. Sie bringen eine Weltanschauung und religiöse Vorstellungen zum Ausdruck, die mit unserem Welt- und Gottesverständnis kaum vereinbar scheinen. Bestimmen denn tatsächlich Fluch oder Segen den schlechten oder den guten Ausgang? Sind sie wirklich ausschlaggebende Faktoren eines Geschehenszusammenhangs, in dem menschliche Vorhaben, Interessenkonflikte, mehr oder weniger zufällige Vorkommnisse und „schicksalhafte" Fügungen oft undurchschaubar miteinander, ineinander und gegeneinander wirksam werden und zur Auswirkung drängen?

Es ist gewiss nicht so, dass man Segen oder Fluch als geschichtswirksame Faktoren identifizieren und zu anderen Wirkfaktoren in Beziehung setzen könnte. Wer vom Segen spricht – oder vom Fluch –, der sieht sich und die Menschen, denen er Segen zuspricht, auf einen Grund des Gelingens angewiesen, auf den er sich nur einlassen, den er aber niemals selbst verbürgen kann. Oder er sieht einen Verhängniszusammenhang, der ihn oder andere so zu ergreifen und zu durchdringen droht, dass ihnen alles zum Übel ausschlagen muss. Dass man sich selbst nicht in der Hand hat, sondern sich gerade in dem, was das Gelingen des Lebens ausmacht, dem Unverfügbaren verdankt und mit der Drohung des Scheiterns leben muss, die nicht „wegzuarbeiten" ist, weil sie abgründiger ist als der Grund, den ich selbst gründen könnte: das ist gewiss keine überholte Einsicht. Sie macht die Menschlichkeit unseres Menschenlebens mit aus. Zuerst und zuletzt ist das Gelingen Geschenk und das Scheitern ein Verhängnis, an dem sich viele unheilwirkende Faktoren identifizieren lassen mögen, das aber im Ganzen eben doch unerklärlich bleibt: es war kein Segen darin.

Dass Gott selbst segnet und ein Segen ist – so etwa der Schriftausleger *Thomas von Aquin* (Epheserbriefkommentar 1, 3, lectio 1, n. 7) – das darf gewiss nicht so verstanden werden, dass er wie ein absolutistischer Monarch seine Gunst den einen zuwendet und den anderen verweigert oder entzieht – ihnen „flucht". Sein Segen gilt allen; er „lässt seine Sonne aufgehen über Böse wie Gute und lässt es regnen über Gerechte wie Ungerechte" (Mt 5, 45). Aber dieser Segen über seine Geschöpfe kann sich offenkundig nicht immer auswirken. Er wird vereitelt von einem Fluch, den sich die Segensempfänger zugezogen haben, an dem sie mitwirken und den sie so weitergeben: den Fluch der gegenseitigen Missachtung und des Misstrauens, eines Übelwollens, das dem anderen den Segen nicht gönnt und mit ihm um den Erfolg zu konkurrieren zwingt; eines Übelwollens, das Gottes Wohlwollen gleichsam sabotiert.

2.5 Gottes Zuwendung: ein Segen

Dass dieser Unheilszusammenhang des Übelwollens – des Fluchs – durchbrochen werden kann durch Gottes Zuwendung, durch sein Gegenwärtigwerden mitten in den Verhängnis- und Scheiternsgeschichten, in denen Übelwollen und Misstrauen sich ausbreiten, das ist das Wunder, von dem die Bibel immer wieder staunend und hoffnungsvoll erzählt: auf das sie hoffen lässt und das sie – in der *Geste* des Segens – herbeizurufen einlädt.
Das Wunder des Segens geschieht, wo von Menschen erfahren werden darf, dass sie ein Segen sind. Und so sind sie Menschen des Segens: Es ist ihnen der Geist des guten Gotteswillens geschenkt, der sie gutwillig und lebensoffen macht. In ihnen wird Gottes Schöpfung so, wie sie „gemeint" ist: das faszinierende Versprechen einer Lebendigkeit, die in der Liebe erfahren wird und der die Menschen sich mit Leib und Seele hingeben dürfen, weil sie in ihr mit Gott verbunden sind. Menschen, denen der Geist des guten Gotteswillens geschenkt ist, können deshalb gar nicht anders, als ihn weiterzugeben, ihn *greifbar* zu machen. Sie werden die Lebendigkeit leben, die aus der Erfahrung des guten Willens Gottes kommt und uns diesen guten Willen bezeugen, ihn selbst leben. So werden sie uns aufatmen lassen und Mut machen, uns mit aller Konsequenz an den Segen zu halten – *ihn* zu wählen und nicht den Fluch, das Leben und nicht den Tod (vgl. Dtn 11, 26; 30, 1. 19).

2.6 In Jesus Christus, dem Gesegneten, gesegnet

Das Neue Testament stellt den Menschensohn Jesus, den Christus, als exemplarisch Gesegneten dar, als *den* Menschen aus dem Geist des guten Gotteswillens, der schon aus diesem Geist „gezeugt" war und ihn deshalb so leben konnte, dass er von ihm erlösend ausging, den Verhängnisbereich des Fluchs und des Todes heilvoll zu durchdringen. Er lädt die „unter dem Fluch" ein, sich an den Segen zu halten, mit dem er selbst gesegnet ist:

„Kommt alle zu mir, die ihr euch plagt und schwere Lasten zu tragen habt. Ich werde euch aufatmen lassen. Nehmt *mein* Joch auf euch und lernt von mir, denn ich bin gütig und von Herzen demütig. So werdet ihr Ruhe finden für eure Seele. Denn mein Joch drückt nicht nieder und meine Last ist leicht" (Mt 11, 28–30).

Der so spricht, ist ein Segen. Sein Versprechen ist Gottes Versprechen; und er macht es wahr, er lebt es. Wo er segnet, erlaubt er den Gesegneten das Sich-Hineingeben „in das Versprechen der Geste und des Wortes". Er nimmt ihnen die

Frage nach den „eigenen Verdiensten und Voraussetzungen für den Segen" aus dem Herzen; er erlaubt ihnen, einmal „nicht (zu) zweifeln, einmal … nicht (zu) fragen, wo das Versprechen seinen Ort der Erfüllung hat" (*F. Steffensky,* Die Grundgeste des Glaubens – Der Segen, in: ders., Das Haus, das die Träume verwaltet, Würzburg [4]1999, 28–41, 33), da es doch schon anfängt, sich zu erfüllen.

2.7 Segnen im Namen des Vaters und des Sohnes und des Heiligen Geistes

Der Segen, den Menschen einander zusagen können, ruft den Segen herbei, der im Menschen- und Gottessohn Jesus Christus dem Fluch des Übelwollens und des Misstrauens Einhalt gebot. Es ist der Segen des Vaters; er hat ihn seinen Geschöpfen mitgegeben. Das im Segen Mitgeteilte ist der Geist des guten Willens, in dem Gott sich seinen Geschöpfen immer wieder von neuem zuwendet, gerade auch da, wo sie sich von ihm abwenden und sich den Fluch des Übelwollens und des Misstrauens zuziehen. Jesus Christus ist der Mensch gewordene Segen Gottes, da er als Mitmensch und als der aus Gottes Geist „Gezeugte" seinen Menschengeschwistern ein Segen war und immer wieder neu ist; da in ihm Gottes Segen sich dem Fluch gewachsen zeigt und die Menschen herausfordert, zu segnen, wo man verflucht, sich an den Segen zu halten und ein Segen zu sein, wo man in Gefahr gerät, den Fluch und den Tod zu wählen statt den Segen. Wäre es deshalb nicht liturgisch angemessen, wenn am Anfang des Gottesdienstes immer wieder einmal ausdrücklich der Segen vergegenwärtigt würde, der Jesus Christus für uns *ist* („Kommt alle zu mir …"), am Ende aber – nach der liturgischen Segensgeste, zur „Entlassung" – der Zuspruch stünde: „Geht hinaus und seid ein Segen"?

Weiterführende Literatur:

Magdalene L. Frettlöh, Theologie des Segens. Biblische und dogmatische Wahrnehmungen, Gütersloh 1998.

Dorothea Greiner, Segen und Segnen. Eine systematisch-theologische Grundlegung, Stuttgart [2]1999.

Michael Blum – Hanns Dieter Hüsch, Das kleine Buch zum Segen, Düsseldorf [4]2000;

Reiner Dvorak, Einander zum Segen werden. Eine kleine Phänomenologie des Segnens, in: Im Blickpunkt. Mitteilungen der Kirchlichen Arbeitsstelle für Fernstudien/Theologie im Fernkurs bei der Domschule Würzburg e. V. 20 (2000), 1–3.

Jürgen Werbick

II.

Theologisch-anthropologische Überlegungen zur Segensbedürftigkeit des Menschen

II.1
„O Gott, komm mir zu Hilfe“ (Ps 119, 166)
Von der Segensbedürftigkeit des Menschen und von dessen Auftrag, für die Mitwelt ein Segen zu sein

Vorbemerkung und Intention: Angesichts der verbreiteten Ängste um die Ungesichertheiten des Lebens will der Hinweis auf Gottes Segen spendendes Geleit die Hörer zunächst zu Dankbarkeit anstiften. Sodann will er ausdrücklich machen, dass diese Segenserfahrung nicht eigennützig für sich behalten werden darf, sondern wie eine Stafette an die Mitwelt weiterzugeben ist.

1.1 Sorgen und Ängste ...

Es dürfte einigermaßen unerheblich sein, ob man im Wartezimmer eines Arztes sitzt, am Stammtisch oder bei einer Abendeinladung –, stets schwingen bei derartigen Gesprächsrunden, einem roten Faden nicht unähnlich, Bangigkeit und Sorge um die unverrechenbare Zukunft mit: Wird es gelingen, das grassierende Schreckgespenst der Arbeitslosigkeit zu besiegen? Werden in unserer Gesellschaft die radikalen Kräfte von Rechts und Links gebannt bleiben? Wird das Zusammenwachsen der alten und neuen Bundesländer vorankommen? Und werden vor allem die Völker den alles sichernden Weltfrieden bewahren?
Nicht minder kreisen die Sorgen um den privaten Bereich: Werden wir selber bzw. unsere Angehörigen und Freunde vor Krankheit und Tod verschont bleiben? Wird es für die Schulabgänger die so notwendigen Ausbildungsplätze geben? Lässt sich nach dem Wegzug der erwachsenen Kinder die langweilig gewordene Ehe wieder verlebendigen? Und wie werde ich einmal als (verwitwet) Altgewordene(r) mit der Einsamkeit zurechtkommen?
Verhehlen wir es nicht, auch als Christen beschleichen uns oft Ängste: Werden unsere Kinder morgen überhaupt noch glauben? Wird es unserer Gemeinde

St. X gelingen, die Erstkommunikanten und Firmlinge „über das Festereignis hinaus“ kirchlich zu beheimaten? Was muss sich ändern, damit wir eine einladende Kirche werden, die die Menschen von den „Hecken und Zäunen“ wieder anzieht? Fragen über Fragen. Wer kann sie beantworten? Keine einzige Sorge klingt überzogen oder ungebührlich. Aber gibt es denn für die so verschiedenartigen Anliegen überhaupt einen einenden Focus, der nach Art eines Brennglases alles bündeln kann? Die Antwort lautet eindeutig: „Ja.“

1.2 … als Sehnsucht nach dem Gelingen des Lebens

Wie immer sich die Sorgen artikulieren mögen, ob wir sie als Junge oder Alte stellen, als Lebenslustige oder als skeptisch Nachdenkliche, als kirchlich Engagierte oder als kirchlich Distanzierte – letztlich stellen sie einen konturierend-facettenhaften Ausschnitt dar von jenem gemeinsamen, d. h. alle Menschen beherrschenden Wunsch, dass ihr Leben gelingen möge!
Solche Sehnsucht ist unstillbar. Solche Sehnsucht treibt die Zeitgenossen um, ganz gleich, ob sie auf der nördlichen oder südlichen Halbkugel der Erde wohnen. Solche Sehnsucht verbindet sogar Freunde und Feinde. Für alles Mögliche und manches Skurrile können wir uns inzwischen „versichern“: aber dass das Leben gelingt, dafür gibt es keine Police.

1.3 Jesus – die kostbarste Segensgabe Gottes …

Im Fluss der Ungesichertheiten und allfälligen Anfechtungen, in der Sorge um ganzheitliches Wohlbefinden und im Grundwunsch nach dem Gelingen des Lebens – in all dem tut es gut, dass wir um einen Gott wissen, der in seiner Unveränderlichkeit und Treue uns heute ebenso zur Seite steht, wie seinerzeit dem Abraham am Beginn der Geschichte des biblischen Volkes. Damals, als er ihn aus der Sippe herausrief, damals, als er ihn zum Stammvater Israels bestimmte und er deshalb für die Einlösung dieser Verheißung in ein fremdes Land aufbrechen musste –, damals wurde Abraham von Gott das Segen spendende Geleit zugesichert: „Ich will dich segnen, und du sollst (für die anderen) ein Segen sein“ (Gen 12, 1–3).
Wenn Segen auf einem Leben ruht, dann hat es Hoffnung und Zuversicht, dann glücken und verwirklichen sich Pläne. Segen ist ein Geschenk, ganz nahe verwandt dem, was wir Gnade nennen. Den Segen kann niemand machen. Man

kann ihn sich lediglich schenken lassen. So wie durch eine Begegnung einem ein Mensch geschenkt wird, der als Freund bzw. als Ehepartner mit einem durch die Jahre geht. Solcher Segen begleitete den Abraham und mit einem solchen Segen erwählte sich Gott sein Volk Israel.
Die kostbarste Segensgabe Gottes an die Welt war die Menschwerdung seines Sohnes. Staunend vernahmen davon als Erste die Hirten von Betlehem, als ihnen der Engel in der Weihnacht die Kunde brachte: „Ich verkünde euch eine große Freude, die dem ganzen Volk zuteil werden soll: Heute ist euch in der Stadt Davids der Heiland geboren; er ist der Messias, der Herr" (Lk 2, 11).
Drei Jahrzehnte später erschließt dieser Messias – Jünger und Volk reden Jesus mit „Meister und Lehrer" an – in geradezu erdhaften Gleichnissen das Heilshandeln Gottes und dessen Einladung, in sein Reich einzutreten. Die Bilder, die er dafür gebraucht, scheinen ganz alltäglich und doch führen sie wie „Wege"[1] in die Tiefe seiner Sendung ein: Sie reden von ihm als Tür, als Licht und als Rebzweig. Sie reden vom Geist Gottes als Wind, als Sturm und als Feuer. Besonders häufig wird der Ackerboden zur Metapher für das so schwer erklärbare, weil jenseitige, Gottes- bzw. Himmelreich. Jesus vergleicht es mit einem Schatz, der in einem Acker verborgen liegt; mit einem Senfkorn, das aufgeht und zu einem Baum heranwächst; mit einem Getreidefeld, das seinen Ertrag bringt. Durch solche Gleichnisse geht den Hörern eine Menge von jenem Reich Gottes auf. Im Unterschied zu den religiösen Führern haben die Jünger ein aufnahmebereites Herz. Darum preist sie Jesus selig mit einem Jubelruf: „Selig seid ihr; denn eure Augen sehen und eure Ohren hören. Amen, ich sage euch: Viele Propheten und Gerechte haben sich danach gesehnt zu sehen, was ihr seht, und haben es nicht gesehen, und zu hören, was ihr hört, und haben es nicht gehört" (Mt 13, 6).
Hin und wieder macht der Meister dunkle Andeutungen von seinem bevorstehenden Leidensweg, doch darunter können sich die Jünger nichts vorstellen. Umso mehr begeistert sie, dass er ihnen von Gottes souveräner Segensgeste erzählt, der seiner Schöpfung und seinen Geschöpfen so zugetan ist, dass er „seine Sonne aufgehen lässt über Bösen und Guten, und regnen lässt über Gerechte und Ungerechte" (Mt 5, 45).

1.4 … segnet und begleitet seine Jünger durch die Zeit

Bei drei Gelegenheiten – das vermerken die Evangelien ausdrücklich – hat Jesus selbst gesegnet. Präzise handelt es sich um die Segnung der Kinder (Mk 10, 13–16 par), um die Segnung von Brot und Wein beim Paschamahl

(Mt 26, 20–29 par) und um die Segnung der Jünger als Auferstandener, vor seiner Auffahrt in den Himmel (Lk 24, 50–53 par). So unterschiedlich die drei Segensanlässe auch sind, so gemeinsam ist ihnen das mit dem Segen verbundene Anliegen von Wachstum und Gelingen, von Verbundenheit und Fruchtbarkeit.

Zur Kindersegnung:[2] Die Jünger stehen den herbeigebrachten Kindern zunächst abweisend gegenüber – sicher in guter Absicht „um Jesu willen". Doch darauf reagiert Jesus unwillig. Der Eifer der Jünger am falschen Ort wird zurückgewiesen. Und die Kinder werden ausdrücklich eingeladen. Er legt ihnen die Hände auf und segnet sie. Das, was Jesus an den Kindern vorbildlich erscheint, ist deren Aufgeschlossenheit für die Gabe des Gottesreiches. Wer ihnen darin nicht folgt, d. h., wer das Reich Gottes nicht in dieser Haltung annimmt, „der wird nicht hineinkommen". Letzteres ist Ausdruck der Verheißung, die es jetzt schon zu ergreifen gilt. Ersteres ist die Haltung der Kinder, die das Reich Gottes ohne zu zaudern annehmen. Wenn Jesus sie abschließend segnet, dann bestätigt er ihre besondere Berufung und Vorbildlichkeit.

Zur Segnung von Brot und Wein:[3] Alle drei Synoptiker berichten davon. Wir folgen der Matthäusperikope (Mt 26, 20–29). Zum erinnernd-vergegenwärtigenden Gedächtnis an Gottes Segen spendendes Geleit in der Geschichte, insonderheit an den Bundesschluss, versammeln sich die Familien Israels am Abend des „Festes der Ungesäuerten Brote" (14./15. Nisan). Auch Jesus hält mit seinen Jüngern das Paschamahl in einem Jerusalemer Haus. Wie jeder Hausvater nimmt auch er das Brot, spricht den Segen darüber und gibt es den Jüngern. Es ist ein Gestus, der Gemeinschaft stiftet. Doch das sinnstiftende Wort „Das ist mein Leib" zeigt an, dass hier und jetzt sich etwas substantiell Neues ereignet. Das Deutewort „Das ist mein Leib" wird von Jesus im Hinblick auf seinen Tod gesprochen. Dieser Tod ist die äußerste Konsequenz seines „Daseins für die anderen" (Pro-Existenz). Die Darreichung des Kelches mit den Worten „Das ist mein Blut" wird gleich anschließend erzählt und erhält noch einen besonderen Sinn: Statt „sprach den Lobpreis" beim Brot heißt es jetzt „sprach das Dankgebet". Beides, „Eulogie" und „Eucharistie" bedeuten ursprünglich das Gleiche: Lobpreis und Dank. Der zweite Ausdruck „Eucharistie" hat später der ganzen christlichen Feier den Namen gegeben. Die Kelch-Eucharistie verleiht der hl. Handlung noch einen besonderen Sinn: Das Blut Jesu ist das „Bundesblut", das „für viele" vergossen wird. Der Ausdruck „Blut des Bundes" blickt auf die Bundesschließung am Sinai zurück, bei der Mose einen Altar errichtete, Brandopfer darbrachte und das Blut der Opferstiere auf das Volk sprengte mit den Worten: „Das ist das Blut des Bundes, den der Herr … mit euch geschlossen hat (Ex 24, 4–8).

Der Gedanke des Bundes wird nun auf den blutigen Tod Jesu übertragen, in dem sich die Bundesschließungen Gottes mit seinem erwählten Volk in neuer und endgültiger Weise erfüllen. Dieser Gedanke, dass Gott durch das Blut seines Sohnes sich ein neues Eigentumsvolk bildet (Apg 20, 28) und in Jesus einen „besseren Bund" (Hebr 7, 22) begründet, der ebenfalls mit Blut besiegelt wurde, ist in der Urkirche entfaltet worden. Vom gegenwärtigen Geschehen im Abendmahlssaal blickt Jesus auf die Mahlgemeinschaft im Reich Gottes und an die Jünger gewandt sagt er: „Von jetzt an werde ich nicht mehr von der Frucht des Weinstocks trinken, bis zu dem Tag, an dem ich mit euch von neuem davon trinke im Reich meines Vaters" (Mt 26, 29). Die Redewendung „von neuem" verweist auf die Andersartigkeit der kommenden Welt, wo sich die gegenwärtige Mahlgemeinschaft eben auf eine „neue Weise" erfüllen wird.

Jesu Segensgeste über Brot und Wein, die die Gaben in seinen Leib und sein Blut verwandelt, mit dem eschatologischen Ausblick auf die vollendete Gemeinschaft im Reich Gottes hat nur im Zusammenhang mit der Eucharistiestiftung seinen passenden Ort. Das war der Urkirche für ihr Herrenmahl bedeutsam. Heute sind wir die nachösterlichen Jünger, die sich Sonntag für Sonntag zur Feier dieses Herrenmahles versammeln. Wir preisen Gott, der uns mit seinem Sohn in den eucharistischen Gaben begleitet, damit wir ihn einst beim himmlischen Hochzeitsmahl begegnen.

Zur Segnung der Jünger als Auferstandener:[4] In wenigen Strichen wird erzählt, dass Jesus seine Jünger nach einer weiteren Ostererscheinung von Jerusalem bis in die Nähe von Betanien begleitet, das ca. 2,8 km entfernt auf dem Ölberg liegt. „Dort erhob er seine Hände und segnete sie. Und während er sie segnete, verließ er sie und wurde zum Himmel erhoben. Sie aber fielen vor ihm nieder. Dann kehrten sie in großer Freude nach Jerusalem zurück" (Lk 24, 50–52). Die Exegeten sind sich in der Einordnung der Segensgeste des Auferstandenen einig: Sie sei eine sinnbildliche Vorwegnahme der Geistsendung, was sich in der freudigen Rückkehr der Jünger in die Stadt ausdrückt. Von dort aus soll die „Verkündigung des Evangeliums" beginnen. Was die Eigenart und die Zielsetzung dieser letzten lukanischen Ostergeschichte betrifft, so handelt es sich nicht allein um den Auftrag an die Jünger, als zuverlässige Zeugen in der ganzen Welt seine „Einladung für das Reich Gottes" auszurichten. Vielmehr wird dadurch jeder Leser des Lukas-Evangeliums aufgerufen – und das sind wir heute –, sich als Glaubensbote senden zu lassen. Der Segen des auferstandenen Herrn begleitet dabei schützend alle Wege.

1.5 Und er erwartet, dass sie für andere ein Segen seien!

Bereits die Meditationsanleitungen der frühen Christenheit verwenden häufig ein bestimmtes Wort, das als Voraussetzung für alles heilvolle Geschehen gilt, nämlich „gegenwärtig" zu sein: gegenwärtig vor sich selbst und gegenwärtig vor Gott.[5] So reden wir von der Gegenwärtigkeit Gottes in der Welt, in allen Geschöpfen und erst recht in den Getauften. Wenngleich das als theologisch unstrittig gilt, so bedarf es gleichwohl immer wieder der spirituellen Bewusstmachung. Sich dieser Gegenwart Gottes innerlich öffnen, ihn mit den Kräften des Herzens ertasten, so dass er tief in uns eindringen und uns mit Einfällen und Mut, mit Zuversicht und Lebendigkeit erfüllen kann, das heißt letztlich begreifen, was Segen ist.
Aus dieser Gegenwärtigkeit in Christus gingen die Apostel als Auferstehungszeugen und später die iroschottischen Mönche auf ihre weiten missionarischen Reisen. Letztere werden von der Kirchengeschichtsschreibung bisweilen als etwas wunderlich charakterisiert. Doch wenn man sich bewusst macht, unter welchen Bedingungen sie die Botschaft des Evangeliums weitergetragen haben, dann geht einem auf, dass dieser Segen Gottes ganz dicht zusammengehört mit der Sendung des gesendeten Menschen.
„O Gott, komm mir zu Hilfe", so formulierte der Beter im Psalm (119, 166) seine Segensbedürftigkeit. „Ich lasse dich erst los, wenn du mich segnest" (Gen 32, 27), so bedrängt Jakob nach seinem nächtlichen Kampf den unbekannten himmlischen Boten. Und er erhält mit dem Segen zugleich den neuen Namen „Israel", d. h. „Gottesstreiter". Diesen Segen und Namen gibt Jakob auf seinem Sterbebett weiter an seine Söhne und Enkel, auf „dass sie (wiederum) wachsen und gedeihen auf Erden" (Gen 48, 15–16). Nichts anderes wollte der auferstandene Herr, als er die Jünger zum Abschied segnete. In der matthäischen Fassung wird dieser Segen ausdrücklich mit dem universalen Missionsauftrag verbunden: „Geht zu allen Völkern und macht alle Menschen zu meinen Jüngern … (und) seid gewiss: Ich bin bei euch alle Tage bis zur Vollendung der Welt" (Mt 28, 18–20).
Eine zweitausendjährige Kette von Glaubensboten hat diese „Einladung für das Reich Gottes" zu uns gebracht. Wie der Psalmist, wie Jakob, wie die Jünger und wie die iroschottischen Wanderprediger erleben wir den Lebensalltag als angefochten, begreifen wir uns als segensbedürftig. Und wie diese dürfen wir Gott bestürmen, uns zu segnen, damit unser Leben gelinge. Aber dass ein Gesegneter zugleich für andere ein Segen sein soll, das hatte schon Abraham, der Stammvater der drei monotheistischen Religionen mit

auf den Weg bekommen: „Ich will dich segnen und du sollst ein Segen sein“ (Gen 12, 3). Dieser Ausspruch gilt – ohne Einschränkung – bis zur Wiederkunft des Herrn.

Anmerkungen:

1 Vgl. *Werbick, J.*, Bilder sind Wege. Eine Gotteslehre, München 1992.
2 Vgl. *Kertelge, K.*, Markusevangelium (1, 1–16, 20), in: Die neue Echterbibel. Kommentar zum Neuen Testament, Würzburg 1994, 99–100.
3 Vgl. *Schnackenburg, J.*, Matthäusevangelium Bd. 2 (Mt 16, 21–28, 20), in: Die neue Echterbibel. Kommentar zum Neuen Testament, Würzburg 1987, 258–262.
4 Vgl. *Kremer, J.*, Lukasevangelium (1, 1–24, 53), in: Die neue Echterbibel. Kommentar zum Neuen Testament, Würzburg 1988, 243–247.
5 Vgl. *Bäumer, R./Plattig, M.*, Aufmerksamkeit ist das natürliche Gebet der Seele, Würzburg 1998, 17–128.

Ehrenfried Schulz

II.2
Wider die Segensvergessenheit in der (nachkonziliaren) Kirche

2.1 Die Skepsis gegenüber allen rituellen Handlungen ...

In den siebziger Jahren des 20. Jahrhunderts herrschte in der praktischen Theologie eine gewisse Vorsicht gegenüber allen rituellen Handlungen, ob ihnen nicht die Tendenz zur Magie oder zum Aberglauben anhafte; denn die wirklich wichtigen Glaubenswahrheiten sollten nicht durch derlei obskur wirkende Praktiken verdunkelt werden. Wettersegen und Segnung von Gegenständen wurden deshalb von vielen als unbrauchbare Kulthandlungen abgelehnt. Hat Gott nicht der Natur Gesetze gegeben, nach denen sich die Abläufe regeln? Die Menschen sollen sich entsprechend verhalten, damit diese Abläufe ihnen zum Segen werden. Und so ist der rechte Gebrauch der Dinge entscheidend, ob etwas zum Segen wird oder zum Fluch. Dem Wunsch vieler im Volk, über Natur und Gegenstände einen geistlichen Segen zu sprechen, suchte man dahingehend nachzukommen, dass man die Segenshandlungen als spezielle Verkündigungs- und Gebetsform umdeutete, die besagt: Der Segen wirkt allemal nur in der Weise, dass der Mensch sich recht verhält. Wer z.B. vom Wetter betroffen ist oder der mit einem Gegenstand umgeht, der kann sich bei diesem Anlass der religiösen Hintergründe seines Daseins bewusst werden. Dann nützt ihm dies auch religiös. Sein Gesegnetsein liegt damit in seiner Einstellung. So möge ihm das unwirsche Wetter mit Blitz und Donner Hinweis sein, nachzudenken über die Schriftstellen, in welchen durch ein derlei beschriebenes Wetter die Gottesoffenbarung vermittelt wurde. Ein Auto zu segnen hat den Sinn, den Lenker eindringlich darauf hinzuweisen, sich im Verkehr verantwortlich zu verhalten. Deshalb ist eine Segenshandlung eine spezielle Weise der Verkündigung. Ein Schriftwort soll – möglichst mit Erklärung – dem Segensgebet vorgeschaltet sein, damit die Benützer der gesegneten Gegenstände in ihrer christlichen Haltung bestärkt werden. Nichts Automatisches darf im Segen liegen, jede Magie soll von vorneherein ausgeschlossen sein. Dieses früher in aufklärerischen Kreisen vorherrschende Interesse war im Zuge der Vertheologisierung der gesamten liturgischen Praxis leitendes Prinzip. Es war bestimmt von der Angst, der theologisch-rationale Charakter der religiösen Praxis könnte durch anders wirkende Praktiken verdunkelt werden.

2.2 … wurde abgelöst vom Bedürfnis nach einer „cognitio sensitiva“

Heute dürfen wir diese *kritische* Haltung „kritisch“ hinterfragen. Genügt einem Menschen nicht das Wissen, dass ein Gegenstand gesegnet ist und ihm eine Fürbitte anhaftet, die Gott ins Spiel bringt? Ist hierin nicht eine generelle Communio-Haltung ausgesagt, die ein Christ hat, wenn er einen gesegneten Gegenstand als gesegnet behandelt, weil an ihm die Fürbitte der Kirche hängt?

Das Bedürfnis nach einer „cognitio sensitiva“ steckt im Menschen. Das bedeutet: Er sehnt sich nach einer direkt aufnehmbaren Erkenntnis, die nicht Reflexion (also Theologie) braucht um zu wissen, sondern die spontan und aus der Anschauung heraus wie von selbst die Bedeutung einer Sache erfasst. Die Kunst arbeitet mit dieser Erkenntnisweise: Erkennen durch direkte Anschauung, Erkennen durch assoziative Verknüpfung, Erkennen durch spontanes Hören oder Empfinden! Es genügt schon ein Funke eines Gedankens, der ein solches sensitives Aufnehmen in ein spontanes Erfassen führt. Sollte es nicht auch mit einem gesegneten Gegenstand so geschehen können? Sollte nicht das Wissen: dies da ist gesegnet!, zu spontaner religiöser Empfindung führen können, in welchem ein Mensch spürt und im Inneren überzeugt ist: Die Fürbitte, die über den Gegenstand gesprochen wurde, kommt mir jetzt zu, da ich diesen benütze? Unmittelbar vermittelt mir dann der gesegnete Gegenstand das Gefühl: Ich bin geborgen – wie ein Kind sich geborgen fühlt, wenn es den „Teddy-Bär“ im Arm hält und so einschlafen kann.

2.3 Der gesegnete Gegenstand verweist auf Gottes liebenswertes Geleit

Die Angst vor Magie und Aberglaube mag nicht ganz unberechtigt sein. Aber sie kommt teilweise aus der Unsicherheit intellektueller Überlegungen heraus, die seit Kants Kritik der reinen Vernunft gegenüber jedweder „cognitio sensitiva“ besteht, da sie eben nicht mit rationalen Kategorien erfassbar ist. Kants Ansatz, die wahre Erkenntnis könne nur rational geschehen, bestimmt diese Praxis. Die zwischenzeitlich gewonnenen Erkenntnisse – vornehmlich psychologischer Forschung im Umfeld der Tiefenpsychologie – dürften uns aber hinlänglich dazu gebracht haben, die unbewussten Anteile der menschlichen Seele und damit seine vielfältigen Erfassungsmöglichkeiten wahrzunehmen, so dass die in einer früheren Sprachform ausgedrückte „cognitio sensitiva“ den „vorrationalen Wunsch“ nach Segen ernst nehmen lässt. Mit meinen Sinnen erfassbar möge mir unmittelbar kundgetan sein: Die Kraft Gottes steht mir augenblicklich bei. Nicht nur in allem Geschaffenen ist mir Gutes gegeben, sondern auch in den besonderen Gegenständen und Anlässen wird mir die besondere Hilfe gleichsam unmittelbar „geoffenbart“, weil diesen fürbittend dieses göttliche Wirken zugesprochen wurde. Das Wissen: Das ist gesegnet!, gibt dem Gegenstand eine zusätzliche Qualität, die vergleichbar ist einem besonderen Geschenk. Jeder Blumenstrauß mag schön sein, aber wenn er von einem geliebten Menschen geschenkt wurde, haftet ihm etwas Besonderes an. So auch der gesegnete Gegenstand! Er ist besonders, weil ihm die Fürbitte anhaftet, die wirken möge, wenn immer ich mit dem Gegenstand zu tun habe. Der gesegnete Gegenstand gibt das Gesegnetsein durch die gegenwärtige Kraft Gottes besonders kund, weil er durch den Segen herausgehoben ist, dieses Gesegnetsein kundzutun. Zu Magie und Aberglaube wird das Ganze nur dann, wenn jemand ein Gottesverständnis hat, das Gott wie eine eingeschlossene Macht des Irdischen betrachtet, die berechenbar oder manipulierbar ist. Da liegt die Magie nicht in den Segensgegenständen, sondern im verkrüppelten Gottesglauben.

Ludwig Mödl

III.

Kriterien der Liturgiewissenschaft für die Gestaltung von Segensfeiern

III.1
Nur für Eingeweihte?
Zur Dringlichkeit der Transparenz von liturgischen Vollzügen

Die Sorge um das Heil der Menschen drängt in unserer Zeit viele in der Pastoral stehende Seelsorgerinnen und Seelsorger zu ganz bestimmten Fragen: Ob der heutige Mensch der Sprache der Sakramente, Sakramentalien und Segnungen noch mächtig sei; ob nach so viel nachkonziliarer Liturgieform unsere Gottesdienste nun auch Randchristen und Fernstehende ansprechen; ob unsere Riten noch zur „bezeichneten Sache“ führen oder daran vorbeireden. So bedrängend solche Anfragen sind, möchte ich sie dennoch zurückstellen. Denn ich habe als Christ und Priester unzählige Male erfahren: Das eine ist, Sakramente, Sakramentalien und Segnungen waren immer schon für „Eingeweihte“ da; und das andere ist, je mehr diese „Eingeweihten“ ihre sakramentale Gotteserfahrung vertiefen, umso mehr sind ihre Feiern nach außen hin attraktiv und ziehen Außenstehende an. Eingeweiht sein und die Welt ansprechen können, das schließt sich nicht aus.[1] Nicht nur rational Verstandenes kann Menschen ergreifen. Dies möchte ich an drei Vollzügen zu vertiefen versuchen.

1.1 Symbol

Liturgie ist die sichtbare Feier einer unsichtbaren und nur im Glauben zu erfassenden Wirklichkeit, der Begegnung des Menschen mit Gott. Diese ereignet sich in Jesus Christus in unüberbietbarer Weise und wird in der Feier der Liturgie immer wieder neu gegenwärtig gesetzt. Dazu bedarf es symbolischer Handlungen, die in der Lage sind, über sich selbst hinaus zu verweisen und zugleich teilhaben zu lassen an dem, was sie zum Ausdruck bringen wollen.

Deshalb gebraucht die Liturgie sichtbare Zeichen, „um die unsichtbaren göttlichen Dinge zu bezeichnen“[2]. Ja, die ganze Liturgie mit allem, was dazugehört, soll „Zeichen und Symbol überirdischer Wirklichkeiten“[3] sein. Symbole lenken und sammeln die Sinne und Gedanken des Menschen auf Gott hin, vermitteln Gotteserfahrung und helfen mit, diese Erfahrung wach zu halten. Denn „der übernatürliche Akt des Glaubens entsteht nicht jenseits der sinnlichen Erfahrung, sondern mit ihr und in ihr“[4].

Im Symbol erfährt also der Mensch die Heilszuwendung Gottes. Zum Wesen des Symbolischen gehört nämlich, dass das Symbolisierte im Symbol nicht nur angedeutet und vorgestellt, sondern wirklich, wenngleich in verborgener Weise, gegenwärtig wird. Allerdings gibt es zwischen den einzelnen symbolischen Handlungen, die in der Liturgie zum Tragen kommen, sehr große Unterschiede, was den Grad der Gegenwart des Symbolisierten im Symbol betrifft. Wenn einerseits Christus selbst als *das* Symbol Gottes bezeichnet werden kann, andererseits aber auch schon ein Bild oder eine Geste symbolisch genannt wird, so ist dieses unterschiedliche Verhältnis zwischen Zeichen und Wirklichkeit sehr leicht erkennbar[5]. Während bei Christus das Symbol und das Symbolisierte ganz ineinander fallen, liegen bei einem Bild oder auch bei manchen Gesten Zeichen und Wirklichkeit des Symbolisierten sehr weit auseinander[6]. Diese Unterscheidung ist wichtig für die Bedeutung und für den Stellenwert, den ein Symbol für die Liturgiefeier besitzt.

Die Symbole der Liturgie haben sehr unterschiedliche Funktionen. Manche dienen der Unterweisung der Mitfeiernden, andere wieder wollen die tätige Teilnahme der Gläubigen zum Ausdruck bringen. Die sakramentlichen Feiern, besonders die Eucharistie, sind unmittelbare Heilszuwendungen Gottes und vertiefen und stärken den Glauben. Die Sakramentalien und Segnungen wiederum haben mehr die Funktion, die Sakramente zu verdeutlichen und in das ganze Leben hinein zu entfalten. So wird also in je eigener Weise durch die Symbole in der Liturgie die Heiligung des Menschen bewirkt.

Es entspricht der Natur des Menschen, wenn die Liturgie auf symbolische Weise versucht, dem Menschen die Nähe Gottes erfahrbar werden zu lassen. Die Symbolik nämlich „spricht Schichten des Geistes an, die tiefer, dem Herzen näher liegen als dem Verstand, nämlich Phantasie, Gemüt, Willenskraft und die anderen tief verborgenen Triebkräfte. Ein Bild, eine Melodie treffen auf Regionen der Seele, die zwar dunkel und dem Licht des Bewusstseins nicht ohne Weiteres zugänglich, aber mächtige Faktoren unseres Daseins und unserer Entscheidung sind“[7]. Uns sollte demnach bewusst sein, dass Symbole Bilder sind, die tiefer als alle Begriffe ins Leben hineinreichen, es ergreifen und auf es einwirken können. Symbole bewirken deshalb ein ganzheitliches Erleben des Gottesdienstes. Sie wirken auf den ganzen Menschen ein aufgrund der drei

Merkmale: Partizipation, Eröffnungsfunktion und Unwillkürlichkeit[8]. Dieses ganzheitliche Ergreifen des Menschen ist von großer Bedeutung, denn „Geist und Leib, Intellekt und Gefühl stehen im Menschen zueinander in Beziehung und wirken zusammen auf eine ganz außergewöhnliche und integrierte Art“[9]. Die Symbole der Liturgie sind von daher in der Lage, den Menschen von Gott betroffen zu machen und dazu zu bewegen, auf die erfahrene Nähe Gottes im Glauben zu antworten. Diese Antwort des Menschen äußert sich in der Verehrung und Anbetung Gottes, die in den symbolischen Handlungen ebenfalls zeichenhaft zum Ausdruck gebracht wird, und die sich auf das ganze Leben ausweitet. Die liturgischen Symbole bilden ein umfassendes Symbolgefüge. Dies „schließt ein, dass sie in sich selbst das Leben mit Gott verwirklichen. Sie sind das Leben mit Gott, der Glaubensakt, der so zu seiner Erfüllung kommt“[10].

Liturgie ist Glaube im Vollzug, ist verwirklichte Gottesbeziehung. Die innere Haltung des Menschen wird in symbolischen Handlungen nach außen hin sichtbar gemacht und darin zugleich realisiert. In diesem leibhaftigen Ausdruck kommt der Glaube zu seiner eigenen Wirklichkeit. Dem Glauben Ausdruck verleihen bedeutet, ihn ins Werk setzen[11]. So äußert der Mensch seine Bitt- oder Dankgebete nicht allein verbal, sondern er formt eine Geste daraus. Er entzündet beispielsweise eine Opferkerze und bringt darin in verdichteter Form sein Anliegen zum Ausdruck. Oder er schmückt die Kirche und umrahmt musikalisch den Gottesdienst, um so den Feiercharakter der Liturgie herauszustellen. Oder er beteiligt sich an einer Prozession und bekennt sich damit zu seinem Glauben. „Gesten unterstützen das gesprochene Wort, ersetzen oder ergänzen es und schlagen eine Brücke auch über Sprachschwierigkeiten hinweg.“[12] Sprachschwierigkeiten aber können gerade hier auftreten, wo es darum geht, dem Unfassbaren zu begegnen und noch dazu als Gemeinschaft diese Begegnung zu feiern. Zudem will sich hier der ganze Mensch in den Dienst Gottes stellen, so wie er ist, mit all seinen bewussten und unbewussten Sorgen und Ängsten. Dazu aber reicht die verbale Sprache nicht aus, denn „die Wörtlichkeit, die Formulierfähigkeit des Menschen erreicht ja nur die schon bewusstseinsoffenen Wünsche und Konflikte, die verdeckten werden übergangen“[13].

Auch die Würzburger Synode hat deutlich gemacht, menschliches Verhalten sei immer dadurch gekennzeichnet, „dass geistliche Gehalte leibhaft ausgedrückt und leibliche Vorgänge beseelt und durchgeistigt werden, dass also der Mensch als Ganzer beteiligt wird. Ausdruckshandlungen, Zeichen und Symbole sind darum ein selbstverständlicher und unaufgebbarer Bestandteil des menschlichen Lebens.“[14] Deshalb kann und darf auch die Feier der Liturgie nicht darauf verzichten.

1.2 Ritual

Das Sehnen und Suchen nach etwas, das nicht von dieser Welt ist, gehört zum Wesen der Religion. Und gerade im Ritus und Ritual unternimmt der Mensch den Versuch, in Kommunikation mit diesem Transzendenten zu treten, ja, durch seine Teilnahme am Ritual vermag er „vom Schauen zum Glauben“ zu gelangen[15]. Gewiss ermöglicht auch die Bewusstheit, die Ratio, Verbindung mit dem Transzendenten, die dann in der Weltanschauung ihren Niederschlag findet. Doch sollte man bedenken, dass der Mensch mehr ist als nur sein Verstand. Er ist „Leib-Seele-Geist-Einheit“ und bedarf daher einer Kommunikationsform mit dem Transzendenten, die Seele und Körper erreicht. Und genau dies geschieht im rituellen Vollzug.

Dieses rituelle Tätigsein findet seinen Ausdruck etwa in Wallfahrten, im Reliquienkult oder in der Heiligen- und Bilderverehrung. Ohne Zweifel ist hierbei die Gefahr sehr groß, mit Ritualen die göttlichen Mächte in den Griff bekommen zu wollen. Auf diese Weise würde alles an der Oberfläche bleiben, würde zur Magie und zu einem Ritualismus, ohne zum echten Glauben zu führen[16]. Eine solche Einstellung ist jedoch unvereinbar mit Religion, die aus dem Bewusstsein der Abhängigkeit, der Rückbezogenheit und des Angewiesenseins entspringt. Allerdings kann man aufgrund verschiedener Erkenntnisse von der Annahme ausgehen, dass in der heutigen Generation nach der Phase der überzogenen Intellektualisierung des Glaubens die Gefahr der Magie und des Ritualismus weniger akut ist, obgleich ein „magischer Rest“ sich auch im Christentum nicht völlig ausrotten lassen wird[17].

Ohne Gemeinschaft ist ein Vollzug von Ritualen wohl nur in relativer Weise gegeben. Wenn nämlich ein religiös kreativer Mensch den Anstoß für einen bestimmten Ritus, für ein bestimmtes Ritual gibt, so brauchen diese die Gemeinschaft, um bestehen und sich entfalten zu können. Auch profane Sitten und Bräuche werden nicht von außen aufgestülpt und vorgeschrieben, sondern entstehen in der Kleingruppe, die nur dann ein Wir-Gefühl aufbauen kann, wenn bestimmte Normen – und dazu gehören auch gewisse „Riten“[18] – von den Mitgliedern befolgt werden. Ist nun der Einzelne seiner Bezugsgruppe fern, so kann er zwar auch deren Normen einhalten, doch drückt er damit nur seine Zugehörigkeit zu dieser bestimmten Gruppe aus. Dies gilt ebenso für den religiösen Bereich: Wenn ein asiatischer Meditationskünstler in jahrelanger Einsamkeit seinen rituellen Übungen obliegt, wenn ein indianischer Junge sich in die Wälder zurückziehen muss oder wenn sich ein Christ allein auf eine Wallfahrt begibt oder die Stille einer Kirche zum Gebet aufsucht, dann steht er in der Tradition seiner religiösen Gemeinschaft und wird von ihr getragen oder gefordert. Denn „man kommt in die Einsamkeit nur aus der Gemeinschaft“[19].

Wir können davon ausgehen, dass in den Riten und Ritualen die grundlegenden Werte einer Gemeinschaft weitergereicht werden[20]. Vor allem erfolgt dies an den religiösen Festen, die den gemeinschaftsbildenden und sozialen Faktor des Rituals aufzuzeigen vermögen. Es ist eben nicht gut möglich, für sich ein Fest zu feiern. Andererseits macht das bloße Zusammensein mehrerer Leute noch lange kein Fest. Deshalb sollte jedem Fest eine Vorbereitungszeit geistiger, seelischer und körperlicher Art vorangehen, wie dies zum Beispiel im christlichen Bereich mit der Adventszeit für das Weihnachtsfest und mit der Quadragesima für das Osterfest geschieht[21]. Dann sind auch die Mitfeiernden in der Lage, sich voll in das Fest und dessen Rituale einzubringen und vorher aufgestaute Energie frei zu setzen. Von daher liegt eben der Wert eines Festes in seiner Seltenheit. Denn wo keine Spannung aufgebaut, wo jeder Werktag zum Sonntag wird, da kann auch keine Entspannung erfolgen. Doch das Bedürfnis, Feste zu feiern und Rituale zu vollziehen, ist im Menschen verankert. Und in allen Staaten, in denen z. B. in vergangenen sozialistischen Zeiten die religiösen Feste abgeschafft wurden, sind alsbald Ersatzriten und Ersatzrituale geschaffen worden, wie Nationalfeiertage und Paraden, sozialistische Namensgebung, Jugendweihe, sozialistische Eheschließung und sozialistische Verabschiedung[22]. Dieses Phänomen macht überdeutlich, dass eine Gemeinschaft, eine Gesellschaft ohne Symbolhandlungen, ohne Riten und Rituale nicht zu existieren in der Lage ist.

1.3 Segnen

Der Segen spielt in der Bibel eine große Rolle. Durch Segenswort und Segensgestus wird er den Menschen geschenkt. Vor allem das Volk Israel hat seinen Gott als die Quelle allen Segens erkannt. Der Gott des alten Bundes ist der segnende Gott, der im Segen seiner Schöpfung nahe ist[23]. Andererseits ist in diesem Zusammenhang auf die Bedeutung des Fluches hinzuweisen. Während die Segnung auf Heil und Fülle des Lebens hinzielt, bedeutet der Fluch eine Minderung des Lebens. Israel sieht in der Treue zu seinem Gott eine Quelle des Segens und des Lebens, während Untreue Fluch und Tod bringt.[24]
Aber auch der Mensch kann Gott „segnen“. Er gibt dem segnenden Gott Antwort, indem er ihn preist und lobt[25]. Auf diese Lebensgemeinschaft zwischen Gott und Mensch weist in der Bibel der eigenartig wechselnde Gebrauch des Wortes „Berek“ hin: Ist es auf den Menschen gerichtet, dann bedeutet es segnen, ist es auf Gott gerichtet, dann bedeutet es preisen. Gott segnet, der Mensch preist ihn dafür. Hier ist ein Wort des großen Augustinus von Bedeutung, der bei der Auslegung des Psalmverses: „Gott erbarme sich unser und segne uns“[26] äußert:

„Wir wachsen, wenn Gott uns segnet, und wir wachsen, wenn wir Gott preisen. Beides ist gut für uns, das Erste ist, dass Gott uns segnet. Und weil er uns segnet, können wir ihn preisen. Von oben kommt der Regen; aus unserem Erdreich wächst die Frucht.“[27]

In dieser ambivalenten Auffassung des Segens gründet die Gebetsform, die sich in Israel entwickelt hat und die auch die Struktur christlichen Betens bestimmt. Der Mensch preist Gott für seine Taten und seine Gaben, daran schließt sich die Bitte um seinen Segen an. Die Segensbitte darf darum keine zudringliche Forderung sein, sondern sie muss das Element des Lobpreises einschließen. Die höchste Form dieser Beraka aber ist das eucharistische Hochgebet[28].

Der Segen Gottes für Israel und für alle Menschen hat in Jesus Christus seine Vollendung erreicht. Christus „ist das Ja zu allem, was Gott verheißen hat“[29]. Segnend begegnete er den Menschen, und segnend schied er von seinen Jüngern. Jesus Christus ist die Fülle des Segens. Wenn die Kirche segnet, setzt sie damit das Tun Christi fort. Sie handelt in seinem Auftrag und in seiner Kraft[30]. Besonders sein Segens- und Dankgebet beim Abschiedsmahl klingt im Eucharistiegebet wieder auf. Was von allen Religionen gilt, erlangt in der Gemeinde Jesu seine Fülle und Vollendung: Der Segen gehört zu den elementaren religiösen Ausdrucksformen. Und so bringt die Segnung den Menschen seiner Vollendung in Christus näher und zeigt an, dass auch die materielle Schöpfung „von der Sklaverei und Verlorenheit befreit werden soll zur Freiheit und Herrlichkeit der Kinder Gottes“[31]. Denn alles „was Gott geschaffen hat, ist gut, und nichts verwerflich, wenn es mit Dank genossen wird, es wird geheiligt durch Gottes Wort und durch das Gebet“[32]. Von daher „erfahren der Einzelne und die Gemeinschaft in den Segnungen sich selbst, die Gaben der Natur und die Frucht ihrer Arbeit als Geschenk der Güte Gottes: Sie erkennen seine ordnende und schützende Macht und können mit seiner Hilfe besser in ihrem Leben und in der Welt dem Reich Gottes dienen.“[33]

Die richtig verstandene Segnung bezieht sich immer auf den Menschen, niemals auf eine Sache allein[34]. Um sein Heil, um seinen Schutz, um sein Verhältnis zu Gott und zu den Mitmenschen geht es. Dabei muss klar und deutlich betont werden, dass die Segnungen der Kirche grundsätzlich ein Angebot darstellen, das niemandem aufgedrängt werden darf. Es ist aber zugleich zu beachten, dass Menschen bestimmte Segnungen gern mit vollziehen, während ihnen zu anderen der Zugang nicht möglich ist. Besonders tief empfunden werden Segnungen, die Menschen selber einander schenken. So ist es schon immer Sitte, dass Eltern ihre Kinder segnen, oder Liebende sich gegenseitig das Kreuz auf die Stirn als Zeichen des Segens schenken.

In unserem derzeitigen gesellschaftlichen Kontext muss noch auf Folgendes verwiesen werden[35]: Meines Erachtens sind die meisten Randchristen, die nur an bestimmten Knotenpunkten ihres Lebens den Dienst der Kirchen in Anspruch nehmen – sei es aus Gewohnheit, sei es auf sozialen oder familiären Druck hin – Vertreter einer eher natürlichen „Religiosität". Ohne viel mit dem christlichen Glaubensbekenntnis anfangen zu können, ohne es aber auch nicht direkt und dezidiert abzulehnen, möchten sie einfach bei bestimmten Anlässen für sich und besonders für ihre Kinder den Segen Gottes erbitten. Und in den neuen Bundesländern ist gerade bei ungetauften Eltern eine große Offenheit vorhanden, ihre Kinder segnen zu lassen. Denn „es besteht ein Bedarf an Segen"[36].

In letzter Zeit ist verschiedentlich die Frage aufgeworfen worden, wie Inkulturation christlicher Gottesdienstfeier in unsere derzeitige Gesellschaft hinein erfolgen kann. Mit der leider vielfach festzustellenden Lieblosigkeit beim Vollzug von Symbolen, Ritualen und Segnungen wird diese Inkulturation wohl kaum gelingen. Denn wo immer sie in einer unpersönlichen, formalisierten und gelangweilten Atmosphäre erfolgen, stoßen sie mit Sicherheit Außenstehende ab. Wo sie aber durch die Gemeinde selbst mitverantwortet, mitgestaltet, im wahrsten Sinn mitgefeiert werden, wo sie Kommunikation in Gang setzen, da werden sie auch zu einem Zeichen für (noch) nicht Eingeweihte. Deshalb lohnt es sich, den Gottesdienst zu leben. Dann lebt er selbst mitten in unserer Existenz.

Karl Schlemmer

Anmerkungen:

1 Vgl. Karl Schlemmer, Zeichen und zeichenhaftes Tun, in: Andreas Heinz und Heinrich Rennings (Hrsg.), Heute segnen. Werkbuch zum Benediktionale (FS für Balthasar Fischer). Freiburg – Basel – Wien 1987, 59–71. – Ders., Von heiligen Zeichen, in: Impulse 46 (1998). Köln, 2–5.
2 SC 33.
3 SC 122.
4 Alfons Kirchgässner, Heilige Zeichen der Kirche. Aschaffenburg 1959, 42.
5 Vgl. Karl Schlemmer, Zeichen und zeichenhaftes Tun, 62 und 67 f.
6 Vgl. Silvia Schroer/Thomas Staubli, Die Körpersymbolik der Bibel. Darmstadt 1998, 171–204.
7 Alfons Kirchgässner, Heilige Zeichen der Kirche, 57 f.
8 Vgl. Peter Lengsfeld, Symbol und Wirklichkeit – die Macht der Symbole nach Paul Tillich, in: Wilhelm Heinen, Bilder-Wort-Symbol in der Theologie. Würzburg 1969, 219.
9 Eugene Kennedy, Der Beitrag des religiösen Rituals zur seelischen Ausgeglichenheit, in: Concilium 7 (1971), 104. – Vgl. auch Silvia Schroer/Thomas Staubli, Die Körpersymbolik, 45–50.
10 Antoine Vergote, Symbolische Gebärden und Handlungen in der Liturgie, in: Concilium 7 (1971), 101.
11 Vgl. ebd. 96.

12 Ingrid Jorissen/Hans Bernhard Meyer, Zeichen und Symbole im Gottesdienst. Innsbruck 1977, 78.
13 Fulbert Steffensky, Glossolalie – Zeichen – Symbol, in: Jahrbuch für Liturgik und Hymnologie 17 (1972), 86.
14 Gemeinsame Synode der Bistümer in der Bundesrepublik Deutschland, Offizielle Gesamtausgabe. Beschlusstext Gottesdienst 6.1. Freiburg – Basel – Wien 1976, 217.
15 Vgl. Dorothee Sölle, Die Hinreise. Stuttgart 1975, 67 f.
16 Vgl. in diesem Zusammenhang eine anders geschichtete Interpretation des Begriffs „Ritualismus" in: Werner Jetter, Symbol und Ritual. Göttingen 1978, 13 f.
17 Vgl. Gottfried Hierzenberger, Der magische Rest. Ein Beitrag zur Entmagisierung des Christentums. Düsseldorf 1969, 42.
18 Zu solchen „Riten" werden u. a. gerechnet: Haartracht, Kleidung, Gangart, Sprechweise etc.
19 Gerard van der Leeuw, Phänomenologie der Religion. Tübingen 1933, 225.
20 Vgl. Werner Jetter, Symbol und Ritual, 96–98.
21 Vgl. Adolf Adam, Das Kirchenjahr mitfeiern. Freiburg – Basel – Wien 1979, 121–145 und 174–189. – Klemens Richter, Was ich vom Kirchenjahr wissen wollte. Freiburg – Basel – Wien 1982, 21–27 und 55–60.
22 Näheres bei Reinhard Hauke, Feier zur Lebenswende – eine christliche Hilfe zur Sinnfindung für Ungetaufte, in: Anselm Bilgri/Bernhard Kirchgessner, Liturgia semper reformanda (FS für Karl Schlemmer). Freiburg – Basel – Wien 1997, 86 ff. und 101 f. (besonders Anm. 4, 6, 8 und 9).
23 Vgl. Dorothea Greiner, Segen und Segnen. Eine systematisch-theologische Grundlegung. Stuttgart [2]1999, 266 ff.
24 Vgl. Dorothea Greiner, Segen und Segnen, 80–100.
25 Vgl. Emil Joseph Lengeling, Liturgie – Dialog zwischen Gott und Mensch. Freiburg – Basel – Wien 1981, 26 ff.
26 Psalm 67, 2.
27 Enarrationes in Psalmos 66, 1.
28 Vgl. Karl Schlemmer, Eine entscheidende Lebensfrage für die Kirche, in: Peter Fonk/Karl Schlemmer/Ludger Schwienhorst-Schönberger, Zum Auftrag ermutigt. Kirche und Theologie in einer sich wandelnden Zeit (FS für Bischof Franz Xaver Eder), Freiburg – Basel – Wien 2000, 361–363.
29 2 Kor 1, 20.
30 Vgl. Dorothea Greiner, Segen und Segnen, 285–294.
31 Röm 8, 21.
32 2 Tim 4, 4 f.
33 Pastorale Einführung in das „Benediktionale", Art. 9.
34 Zum Folgenden vgl. Karl Schlemmer, Das ganze Leben ist Gottesdienst. Zum katholischen Verständnis der Sakramentalen und Segnungen, in: Gottes Volk 2/94, Stuttgart 1994, 83–85.
35 Zum Kontext vgl. Karl Schlemmer, Auf der Suche nach dem Menschen von heute. Vorüberlegungen für alternative Seelsorge und Feierformen (Andechser Reihe Band 3). St. Ottilien 1999, 20–24.
36 Ministerpräsident Dr. Reinhard Höppner in: Anzeiger für die Seelsorge 105 (1996), 434.

III.2 Benediktionen als gottesdienstliche Feiern

Das Zweite Vatikanische Konzil hat in seiner Liturgiekonstitution bestimmt: „Die Sakramentalien sollen überarbeitet werden, und zwar im Sinne des obersten Grundsatzes von der bewussten, tätigen und leicht zu vollziehenden Teilnahme der Gläubigen und im Hinblick auf die Erfordernisse unserer Zeit. Bei der Überarbeitung der Ritualien nach Maßgabe von Art. 63 können nach Bedarf neue Sakramentalien zugefügt werden. – Nur sehr wenige Benediktionen sollen reserviert sein, und zwar nur für Bischöfe und Ordinarien. – Es soll vorgesehen werden, dass Laien, welche die entsprechenden Voraussetzungen erfüllen, gewisse Sakramentalien spenden können – wenigstens in besonderen Verhältnissen und nach dem Ermessen des Ordinarius" (SC 79).
Während der ersten beiden Jahrzehnte der nachkonziliaren Liturgiereform sah man in Rom neben der Arbeit am erneuerten Messbuch und Stundenbuch sowie an den Ordnungen für die Feiern der Sakramente keine Möglichkeit, auch noch die allgemein weniger wichtig erscheinenden Benediktionen zu erneuern, die den Titulus IX, den umfangreichsten des Rituale Romanum bildeten und einer gründlichen Revision bedurften.
Im deutschen Sprachgebiet wurde die Lage anders eingeschätzt. Die Internationale Arbeitsgemeinschaft der liturgischen Kommissionen des deutschen Sprachgebietes (IAG) hielt es auf ihrer Kontaktsitzung im Dezember 1973 für dringend notwendig, eine Arbeitsgruppe einzurichten, die ein neues Benediktionale erarbeiten sollte, mit dem man nach der Zurückhaltung der 68er Jahre den sich nun wieder mehrenden vielfältigen Bedürfnissen entgegenkommen wollte.[1] Bei Beginn ihrer Tätigkeit im Jahre 1974 lagen der Arbeitsgruppe fünf im nämlichen Jahr erschienene Bücher mit Segnungen vor.[2] Der Leiter der Arbeitsgruppe, der Linzer Liturgiewissenschaftler H. Hollerweger, suchte noch im gleichen Jahr den Kontakt mit der Gottesdienstkongregation, deren

Sekretär, Erzbischof Bugnini, die deutsche Arbeitsgruppe zur Weiterarbeit ermunterte. Er schlug vor, hinsichtlich der Pastoralen Einführung sollte die deutsche Gruppe mit dem im November 1974 seine Arbeit aufnehmenden römischen „Coetus a studiis De benedictionibus“ zusammenarbeiten[3]. Die Arbeitsergebnisse sollten ausgetauscht werden. Doch musste die Erneuerungsarbeit in Rom infolge der unerwarteten Ablösung von Erzbischof Bugnini als Sekretär der Gottesdienstkongregation am 11. Juni 1975 unterbrochen werden.

Im deutschen Sprachgebiet wollte und konnte man nicht mehr warten. Die Vorsitzenden der Liturgiekommissionen baten daher den Präfekten der Gottesdienstkongregation mit Schreiben vom 6. Januar 1976 um die Erlaubnis, ein Benediktionale in einer Studienausgabe erstellen zu dürfen. Daraufhin wurde am 27. Februar 1976 erstmals einigen Bischofskonferenzen erlaubt, ein nachkonziliares liturgisches Buch zu erarbeiten, ohne auf eine gesamtkirchliche, in Rom erstellte Vorlage zurückgreifen zu müssen. In diesem Schreiben wurden folgende drei den Inhalt betreffende Maßgaben für die Erarbeitung eines eigenständigen deutschen Benediktionale mitgeteilt:

1. „Es ist uns vor allem daran gelegen, dass die Segnungen von ihrer Struktur her als gemeinschaftliche Feiern konzipiert werden.“
2. „Dem Wort Gottes soll dabei ein gebührender Platz eingeräumt werden.“
3. „Bei Segnungen von Gegenständen sollte nicht etwas über den betreffenden Gegenstand gebetet werden, sondern das Gebet sollte sich auf die Menschen beziehen, die den Gegenstand gebrauchen.“[4]

Diese drei Maßgaben sind im Folgenden zu erläutern:

2.1 Gemeinschaftliche Feier der Benediktionen

Der vom Zweiten Vatikanum in Erinnerung gerufene Grundsatz: „Die liturgischen Handlungen sind nicht privater Natur, sondern Feiern der Kirche, die das ‚Sakrament der Einheit‘ ist“ (SC 26), gilt auch für die Feier der Benediktionen. Dies ist selbstverständlich, soweit Benediktionen Teile anderer Feiern sind, wie beispielsweise die Segnung der Kerzen am Beginn der Lichtmessprozession, des Feuers, des Taufwassers und der Speisen in der Osternacht, der Erntegaben im Erntedankgottesdienst. Aber auch außerhalb der Messfeier müssen Benediktionen als Feiern der Gemeinschaft begangen werden, selbst wenn die konkrete „Versammlung“ zu einer Benediktion gelegentlich nicht mehr als zwei Personen umfasst: die segnende und jene, die etwas segnen lässt. Die Zeiten sind hoffentlich vorbei, in denen die Diakone kurz vor ihrer Priesterweihe ihre Kelche und Hostienschalen in das bischöfliche Haus brachten, um sie dann nach ihrer Priesterweihe gesegnet wieder in Empfang zu nehmen. Es sollte auch kein Autofahrer mehr sein Auto am Morgen hinter dem Pfarrhaus abstellen, um es am Abend gesegnet wieder abzuholen, und niemand in der Sakristei eine Heiligenfigur oder einen Rosenkranz abgeben mit der Bitte, sie bis zum Wochenende zu segnen. Die Benediktionen müssen aus der Verborgenheit der Amtszimmer und Sakristeien in die Gemeinschaft verlegt werden, für die die Gegenstände gesegnet werden; Benediktionen „abgegebener Gegenstände" sollten niemals mehr in Abwesenheit der betreffenden Personen vorgenommen werden. In den Familien sollen Benediktionen durch den Priester dann gehalten werden, wenn die Familie möglichst vollzählig beisammen ist.

Auch bei der Feier von Benediktionen soll der Vorsteher nicht allein beten, lesen, sprechen und handeln, sondern alle Anwesenden sollen tätig teilnehmen als hörende und miteinander betende, als singende und Gott preisende Gemeinschaft. Auch im kleinsten Kreis von zwei Menschen kann man Gottes Wort hören und ihn gemeinsam loben und bitten.

Außer dem die Struktur der Benediktionen betreffenden Grundsatz der gemeinschaftlichen Feier hat die Gottesdienstkongregation auf die Beachtung zweier Grundsätze hingewiesen, die sich auf die beiden wichtigsten Elemente der Feier beziehen: auf das von Gott an die Versammelten ergehende Wort und auf das von den Versammelten an Gott gerichtete Gebet.

2.2 Das Wort Gottes in der Feier der Benediktionen

Gemäß der bis zur nachkonziliaren Liturgiereform in Deutschland geltenden Collectio Rituum war bei der Feier der meisten Sakramente und Sakramentalien außerhalb der Messfeier (Taufe, Kommunion, Bußsakrament, Trauung, Begräbnis) die Verkündigung des Wortes Gottes nicht vorgesehen. Eine Ausnahme bildete die Feier der Krankensalbung, bei der Mt 8, 5–10. 13 zu verkünden war. Bei Segnungen war dem Rituale Romanum entsprechend ebenfalls keine Lesung und Auslegung des Wortes Gottes üblich. So Gottesdienst zu feiern, war nach Erscheinen der Liturgiekonstitution des Zweiten Vatikanums nicht mehr möglich. Denn darin war bestimmt worden: „Damit deutlich hervortrete, dass in der Liturgie Ritus und Wort aufs engste miteinander verbunden sind, ist zu beachten:

1. Bei den heiligen Feiern soll die Schriftlesung reicher, mannigfaltiger und passender ausgestaltet werden.

2. Da die Predigt ein Teil der liturgischen Handlung ist, sollen auch die Rubriken ihr je nach der Eigenart des einzelnen Ritus einen passenden Ort zuweisen. Der Dienst der Predigt soll getreu und recht erfüllt werden. Schöpfen soll sie vor allem aus dem Quell der Heiligen Schrift und der Liturgie, ist sie doch die Botschaft von den Wundertaten Gottes in der Geschichte des Heils, das heißt im Mysterium Christi, das allezeit in uns zugegen und am Werk ist, vor allem bei der liturgischen Feier" (SC 35).

Es wäre eine höchst bedenkliche Einschränkung dieser Konzilsaussagen, wollte man sie nur auf die Messfeier beziehen. Vielmehr haben sie sich dahingehend auszuwirken, dass in den erneuerten liturgischen Büchern keine Feiern mehr ohne Schriftlesungen (oder wenigstens kurze Schriftworte) und deren Auslegung (oder wenigstens kurze Deutung) vorgesehen sind.

Daraus ergibt sich eine Struktur der Feiern der Benediktionen, die jener der Messfeier und der Feiern der anderen Sakramente entspricht: Wie diese aus Wortgottesdienst und sakramentaler Feier als den beiden Hauptteilen bestehen, die von Eröffnung und Abschluss umrahmt werden, so folgen auch bei den Benediktionen auf die Eröffnung ein kurzer Wortteil (Schriftlesung, Antwortgesang, Ansprache) und der sakramentale Teil (Segnung [Fürbitten], Vaterunser), die von der Entlassung abgeschlossen werden. Die Stellung der Fürbitten nach dem Segensgebet (im Gegensatz zum 1984 veröffentlichten lateinischen Benediktionale, wo sie auf die Ansprache folgen) hat sich im deutschen Sprachgebiet eingebürgert und bewährt.

Bei der Feier der Benediktionen soll dem Wort Gottes besondere Aufmerksamkeit geschenkt werden. Das Benediktionale gibt zu jeder Feier zahlreiche Schriftstellen und oft auch viele kurze Schriftworte zur Auswahl an. Manche klagen nun sogar über die allzu vielen Angaben von Schriftstellen. Hat man selbst eine Lesung zu suchen, so ist darauf zu achten, dass sie nicht nur eine rein äußerliche oder künstliche Verbindung zu der betreffenden Benediktion aufweist: In einem solchen Fall wäre ein Text zu bevorzugen, der allgemein vom Lobpreis Gottes und seinem Segen spricht. Jedenfalls sollte bei der Feier das verkündete Wort Gottes auch ausgelegt, im Hinblick auf die Feier gedeutet und so bewusst gemacht werden: Gott, der immer schon zum Heil der Menschen gewirkt hat, will auch jetzt und künftig zu unserem Heil wirken.

Im Benediktionale wird auch die Möglichkeit gegeben, die Vollform einer Segensfeier an die jeweilige Situation anzupassen, nicht nur durch Erweiterung, sondern auch durch Kürzung. Nur wird hinzugefügt: „Ist eine beträchtliche Kürzung erforderlich, so müssen die Schriftlesung oder wenigstens ein kurzes Schriftwort, eine kurze Deutung der Segenshandlung und das Segensgebet bleiben. Die Segnung öffentlicher Einrichtungen soll sich auf keinen Fall allein auf das Segensgebet beschränken" (Pastorale Einführung 22).

2.3 Bei der Segnung von Gegenständen soll sich das Gebet auf die Menschen beziehen, die die Gegenstände gebrauchen

Als die Gottesdienstkongregation die Beachtung dieses Grundsatzes verlangte, ging es ihr um die Ablehnung eines falschen Segensverständnisses, gemäß dem der betreffende Gegenstand durch die Segnung eine Veränderung erfährt. Wenn beispielsweise ein Auto gesegnet wird, betet die Kirche um den Schutz und den Segen Gottes für die Menschen, die das Auto gebrauchen. Die Autoversicherung wird damit nicht überflüssig. Das Auto erhält durch die Segnung keinesfalls besondere Qualitäten, sodass ein Unfall mit ihm unmöglich wäre. Es wird vielmehr gesegnet für einen verantwortungsvollen, dem Willen Gottes entsprechenden Gebrauch. „Autosegnung" ist letztlich Segnung der Menschen, die mit dem Auto fahren. Für sie, nicht für das Auto, ist „an Gottes Segen alles gelegen".

Die Gebete bei den Sachbenediktionen umgehen zwar nicht grundsätzlich die traditionellen Formulierungen wie „Segne diese Kerzen", „dieses Schiff", „diese Buchhandlung", aber die anschließenden Wendungen machen unmissverständlich klar: Hier soll nicht Gegenständen Segen vermittelt werden, sondern hier wird für die Menschen gebetet, die diese Gegenstände gebrauchen.

Es wird geduldiger, immer neuer Erklärung des Sinnes und der Bedeutung der Benediktionen bedürfen, und zwar nicht in erster Linie bei der Feier selbst, sondern zuvor. Magische Vorstellungen sollten nicht mehr aufkommen können; einem konsekratorischen oder exorzistischen Verständnis der Benediktionen ist zu wehren. Deutlich zu machen ist, dass Sinn der Benediktionen nicht ist, Menschen oder Dinge zu verwandeln oder den Teufel aus ihnen auszutreiben.

Die Gottesdienstkongregation hat gegenüber dem deutschen Sprachgebiet im Hinblick auf das Segensgebet etwas nicht ausdrücklich verlangt, was Italienern selbstverständlich ist: Benedictio (Benedizione) heißt nicht nur Segnung, sondern auch Lobpreis. In den Segensgebeten ist deshalb der Preisung Gottes, der Benedictio Dei, immer breiter Raum gelassen. Es wäre selbstverständlich nicht möglich, jedes Benediktionsgebet in seinem anamnetischen Teil so reich zu gestalten, wie die großen Segensgebete der Liturgie, etwa über das Taufwasser oder den Altar. Doch ganz darf die Preisung Gottes in den Gebeten nie fehlen. Und über das Gebet hinaus wird der Lobpreis auch in anderen Elementen der Feier zum Ausdruck gebracht.

Ferner hat die Kongregation nicht auf der Verwendung von Zeichen bei den Benediktionen bestanden. Aber das Segensgebet sollte trotzdem mit Zeichen verbunden sein: mit dem Kreuzzeichen, das auf das Kreuz als den Höhepunkt allen Lobpreises, die Quelle des Lebens und die Ursache aller Gnade hinweist (Pastorale Einführung Nr. 28); mit dem Auflegen oder Ausbreiten der Hände, das die Bitte um den Segen Gottes und die Mitteilung des Segens für die Kirche zum Ausdruck bringt (Pastorale Einführung Nr. 31), mit dem Weihwasser, das die Lebensmacht Gottes zeichenhaft verdeutlichen kann, wenn es im Anschluss an das Segensgebet ausgesprengt wird (Pastorale Einführung Nr. 29).

*

Nachdem die Erarbeitung des deutschen Benediktionale entsprechend den Maßgaben der Gottesdienstkongregation abgeschlossen war, ließ die Kongregation mit Schreiben vom 21. Februar 1977 „die Studienausgabe ad interim bis zum Erscheinen des erneuerten römischen Benediktionale für den liturgischen Gebrauch" zu[5]. Das deutsche Benediktionale erschien daraufhin im Jahr 1978[6]. Im Jahr 1984 erschien das erneuerte römische Benediktionale[7]. Da das deutsche Buch sich bestens eingeführt hatte und zu den am wenigsten kritisierten unter den geltenden liturgischen Büchern zählt, sah man zunächst keine Notwendigkeit es zu verändern, zumal ein genaues Studium des lateinischen Buches zu dem Ergebnis führte, dass viele Gebete und andere Texte dem deutschen Benediktionale entnommen worden waren.
Erst auf ihrer Kontaktsitzung im Januar 1995 in Brixen reaktivierte die IAG die Arbeitsgruppe „Benediktionen" und beauftragte sie, eine zweite Auflage des deutschen Benediktionale zu erstellen, in die vor allem jene Benediktionen des römischen Buches aufzunehmen sind, die bisher im deutschen Buch nicht enthalten sind. Auch unabhängig vom römischen Buch wurden weitere Benediktionen erbeten; ferner erwies sich eine sprachliche Überarbeitung des Buches als notwendig. Außerdem war die Frage nach der Befugnis von Diakonen und Laien zur Feier der Benediktionen endgültig zu klären[8]. Die Überarbeitung ist inzwischen abgeschlossen. Es bleibt zu hoffen, dass die Neuauflage des Benediktionale rasch erscheinen kann.

Anmerkungen:

1 Vgl. zum Folgenden H. Hollerweger, Das neue deutsche Benediktionale. Ein Arbeitsbericht: Liturgisches Jahrbuch 30 (1980) 69–89.
2 Vgl. K. Becker, Heilige Zeichen, Kritische Anmerkungen zu fünf neuen Segensbüchern: Gottesdienst 9 (1975) 23 f.
3 Vgl. Hollerweger (Anm. 1) 71 f.
4 Ebd. 74; vgl. Gottesdienst 13 (1979) 26.
5 Vgl. die Angaben im deutschen Benediktionale S. 4.

6 Der volle Titel lautet: Benediktionale, Studienausgabe für die katholischen Bistümer des deutschen Sprachgebietes. Erarbeitet von der Internationalen Arbeitsgemeinschaft der liturgischen Kommissionen im deutschen Sprachgebiet, hrsg. v. den Liturgischen Instituten Salzburg – Trier – Zürich, Einsiedeln u. a. 1978.

7 Der Titel lautet: Rituale Romanum ex Decreto Sacrosancti Oecumenici Concilii Vaticani II instauratum auctoritate Joannis Pauli II promulgatum. De Benedictionibus, Typis Polyglottis Vaticanis 1984.

8 *Für die Diakone:* Vgl. LG 29; Zum gemeinsamen Dienst berufen. Die Leitung gottesdienstlicher Feiern – Rahmenordnung für die Zusammenarbeit von Priestern, Diakonen und Laien im Bereich der Liturgie (8. Januar 1999), Bonn 1999, Nr. 14.
Für die Laien: Vgl. ebenda Nr. 38, 44, 54 f.; R. Kaczynski, Die Leitung von Gottesdiensten durch beauftragte Laien, in: M. Klöckener – K. Richter (Hg.), Wie weit trägt das gemeinsame Priestertum? Liturgischer Leitungsdienst zwischen Ordination und Beauftragung (QD 171), Freiburg – Basel – Wien 1998, 162–164; ders., Gottesdienstleitung durch beauftragte Laien, in: Für euch Bischof mit euch Christ. Festschrift für Friedrich Kardinal Wetter zum 70. Geburtstag, St. Ottilien 1998, 857–878, hier 870, 874 f.; ders., Überlegungen zum Dienst der Pastoralreferenten und Pastoralreferentinnen in der Liturgie, in: C. Olbrich – R. M. W. Stammberger (Hg.), Und sie bewegen sich doch, Freiburg – Basel – Wien 2000, 138–160, hier vor allem 152–154.

IV.

Weiterführende Literatur

Barben-Müller, Christoph, Segen und Fluch: Überlegungen zu theologisch wenig beachteten Weisen religiöser Interaktion, *Evangelische Theologie* 55 (1995): S. 351–373.

Baumgartner, Jakob, *Gläubiger Umgang mit der Welt: Die Segnungen der Kirche,* Einsiedeln 1976.

Benediktionale, Studienausgabe für die katholischen Bistümer des deutschen Sprachgebietes, Hg. Liturgische Institute Salzburg – Trier – Zürich, Freiburg 2000.

Berger, Rupert, Ansgar Paus, Manfred Scheuer u. Hans Ulrich Steymans, Art. Segen, Segnung, *Lexikon für Theologie und Kirche,* Bd. IX, Hg. Walter Kaspar u. a., 4. Aufl., Freiburg u. a. 2000, Sp. 394–399.

Bischöfliches Seelsorgeamt Regensburg, Hg., *Segnungen – Weihen,* Abensberg 1974.

Blum, Michael u. Hans-Dieter Hüsch, *Das kleine Buch zum Segen,* 4. Aufl., Düsseldorf 2000.

Bundschuh-Schramm, Christiane, Hg., *Ich will mit dir sein und dich segnen. Segensfeiern und Segensgesten,* Osterfildern 1999.

Deutsche Bischofskonferenz, Hg., *Zum gemeinsamen Dienst berufen: Die Leitung gottesdienstlicher Feiern – Rahmenordnung für die Zusammenarbeit von Priestern, Diakonen und Laien im Bereich der Liturgie,* Bonn 1999.

Domek, Josef, *Segen – Quellen heilender Kraft,* Münsterschwarzach 1988.

Frettlöh, Magdalene, *Theologie des Segens: Biblische und dogmatische Wahrnehmungen,* 3. Aufl., Gütersloh 1999.

Greiner, Dorothea, *Segen und Segnen: Eine systematisch-theologische Grundlegung,* 2. Aufl., Stuttgart 1999.

Griesbeck, Josef, Hg., *Viel Glück und viel Segen: Glückwünsche und Segensgesten,* München 1992.

Heinz, Andreas u. Heinrich Rennings, Hg., *Heute Segnen: Ein Werkbuch zum Benediktionale,* Freiburg 1987.

Höfler, Anne, *Leg mir deine Hand auf,* München 1995.

Jetter, Werner, *Symbol und Ritual: Anthropologische Elemente im Gottesdienst,* Göttingen 1978.

Jilek, August, Art. Segen/Segnen, *Praktisches Lexikon der Spiritualität,* Hg. Christian Schütz, Freiburg 1988, Sp. 1120–1122.

Jorissen, Ingrid u. Hans Bernhard Meyer, *Zeichen und Symbole im Gottesdienst,* Innsbruck 1977.

Kaczynski, Reiner, Die Benediktionen, *Gottesdienst der Kirche: Handbuch der Liturgiewissenschaft,* Bd. VIII/2: *Sakramentliche Feiern,* Hg. Hans Bernhard Meyer u. a., Regensburg 1984.

Kerner, Hans u. Elmar Nübold, Hg., *Ökumenische Segensfeiern: Eine Handreichung,* 2. Aufl., Stuttgart 1998.

Lukken, Gerhard, Was bedeutet „benedicere"?, *Liturgisches Jahrbuch 27* (1977): S. 5–27.

Pisarski, Waldemar, *Gott tut gut: Salbungsgottesdienste: Grundlagen und Modelle,* München 2000.

Schäfer, Peter, Reinhard Deichgräber, John Gordon Davies, Art. Benediktionen, *Theologische Realenzyklopädie,* Bd. V, Hg. Gerhard Krause u. Gerhard Müller, Berlin u. New York 1980, S. 560–573.

Schlemmer, Karl, Zeichen und zeichenhaftes Tun, *Heute Segnen: Werkbuch zum Benediktionale,* Hg. Andreas Heinz u. Heinrich Rennings, Freiburg 1987, S. 59–71.

Schmeisser, Martin, *Gesegneter Weg: Segenstexte und Segensgesten,* Eschbach/Markgräflerland 2000.

Seelsorgereferat der Erzdiözese München und Freising, Hg., *Wie Katholiken leben. Heilsame Rituale,* München 2000 (Bezug: Rochusstr. 5–7, 80333 München).

Seidel, Uwe, Erfahrungen mit Segen und Segnen: Eine Anleitung zum Gottesdienst mit allen Sinnen, *Lebendige Liturgie: Texte, Experimente, Perspektiven,* Hg. Sybille Fritsch-Opermann u. Henning Schröer, Gütersloh 1990, S. 44–57.

Verzeichnis der Mitarbeiterinnen und Mitarbeiter

Albrecht, Erwin, Rundfunk- u. Fernsehbeauftragter der BBK, Bayerwaldstr. 37, 93049 Regensburg

Arens, Heribert OFM, Provinzial, Kirchröderstr. 12 a, 30625 Hannover

Armbrust, Klaus, Dekan, Marienring 4, 76829 Landau

Bär, Michael, Dr., Domkapitular, Passauer Str. 42, 94127 Neuburg/Inn

Bauernfeind, Hans, Dr., Wiss. Ass., Schönleiten 5, 94107 Untergriesbach

Baumgartner, Konrad, Dr., Professor, Blumenstr. 16, 93138 Lappersdorf-Hainsacker

Bongartz, Heinz-Günter, Dechant, Pestalozzistr. 24, 30880 Laatzen

Breitenbach, Roland, Pfarrer, Florian-Geyer-Str. 11, 97421 Schweinfurt

Brosseder, Hubert, Dr., Leiter des Münchner Bildungswerkes, Schäftlarnstr. 7, 82008 Unterhaching

Dirnberger, Engelbert, Kaplan, Hochstift-Freising-Platz 19, 82005 Gilching

Eckert, Johannes Claudius OSB, Dr., Bergstr. 2, 82346 Andechs

Engelmeier, Georg, Domvikar, Niedermünstergasse 4, 93047 Regensburg

Fuchs, Gotthard, Dr., Dozent, Roncalli-Haus, 65189 Wiesbaden

Fuchs, Ottmar, Dr., Professor, Collegiumsgasse 4, 72070 Tübingen

Gammel, Birgit, Past.-Ref., Friedemann-Bach-Str. 13, 82166 Gräfelfing

Habersetzer, Marianne, Dr., Leiterin der kath. Altenseelsorge, Am Ährenfeld 6 e, 82256 Fürstenfeldbruck

Haderstorfer, Rudolf, Dr., Dekan an der JVA em., Klosterweg 6, 83152 Wasserburg

Hauke, Reinhard, Dr., Domkapitular, Domstr. 9, 99084 Erfurt

Heuberger, Bernhard, Past.-Ref., Karl-Heckel-Weg 8, 90765 Fürth

Janicki, Franz-Josef SVD, Rektor, Arnold-Janssen-Str. 1, 54516 Wittlich-Wengerohr

Kaczynski, Reiner, Dr., Professor, Professor-Huber-Platz 1, 80539 München

Katte, Dieter, Dr., Dozent, Breisachstr. 9 a, 81667 München

Luksch, Thomas, Dr., Fortbildungsleiter, Hans-Sachs-Str. 19, 85521 Ottobrunn

Lütticke, Martin OFM, Hoyastr. 22, 48147 Münster

Mally, Horst, Pfarrer, Kreuzgasse 3, 93309 Kelheim-Affecking

Mödl, Ludwig, Dr., Professor, Dorfstr. 7, 85221 Dachau-Pellheim

Patek, Hans-Thomas, Pfarrer, Albertus-Magnus-Str. 7, 47259 Duisburg

Pichlmeier, Andrea, Dr., Dozentin, In den Grüben 157, 84489 Burghausen

Reckziegel, Ingrid, Dozentin, Steubenstr. 17, 65189 Wiesbaden

Richardt, Franz OFM, Dozent, Hörsterplatz 4, 48147 Münster

Schlemmer, Karl, Dr., Professor, Michaeligasse 13, 94032 Passau
Schlosser, Johannes, Dr., Pfarrer, Max-Planck-Str. 8, 93158 Teublitz
Schober, Gerhard, Past.-Ref., Heinrich-Vogl-Str. 20, 81479 München
Schreer, Werner, Dr., Pfarrer, Fortbildungsleiter, An der Johanneskirche 1, 31137 Hildesheim
Schrüfer, Werner, Dr., Dozent, Domprediger, St.-Kassians-Platz 7 a, 93047 Regensburg
Schulte, Josef OFM, Dozent, Ludwigkirchplatz 10, 10719 Berlin
Schulz, Ehrenfried, Dr., Professor, Viktoriastr. 4, 80803 München
Schwaiger, Thomas, Pfarrer, Viktoriastr. 4, 80803 München
Seibel, Vitus SJ, Instructor, Am Schwemmhorn 3 a, 14089 Berlin
Spitz, Michael SDB, Dr., Direktor, Sankt-Wolfgangs-Platz 10, 81669 München
Thurner, Martin, Pfarrer, Schlossstr. 10, 82140 Olching
Übelmesser, Josef SJ, Missionsprokurator, Virchowstr. 27, 90409 Nürnberg
Wackerzapp, Winfried, Polizeidekan, Bergische Str. 4, 52441 Linnich-Glimbach
Wahl, Otto SDB, Dr., Professor, Don-Bosco-Str. 1, 83671 Benediktbeuern
Werbick, Jürgen, Dr., Professor, Eckelskamp 3, 48301 Nottuln
Würdinger, Hans, Dr., Pfarrer, Kirchplatz 2, 94152 Neuhaus/Inn
Würdinger, Hermann, Wiss. Ass., Nussbaumstr. 30, 80336 München
Zerkowski, Heribert, Pfarrer, Widumer Str. 4, 44627 Herne-Solingen
Zettelmaier, Udo, Pfarrer, Am Galgenberg 15, 95326 Kulmbach